Buch

Glück hängt nicht nur von der Situation und den äußeren Umständen ab: Manchmal kommt es einfach nur auf den Blickwinkel an. Leicht und dennoch tiefsinnig, pointiert und bisweilen überraschend erzählen die hier zusammengestellten Geschichten von ganz alltäglichen Dingen – vom kleinen Unglück oder von wegweisenden Erfahrungen. Sie geben Anstöße, viele Dinge einmal von einer anderen Warte aus zu betrachten und daraus ganz neue Möglichkeiten zu schöpfen.
Stimmige Aphorismen verbinden die Erzählungen und machen aus diesem Band ein ganz besonderes Lesebuch für stille Momente, die den Alltag bereichern können.

Autorin

Kristina Reftel, geboren 1975, arbeitet als Lektorin im Argument Verlag in Varberg/Schweden. Schreiben, Reisen und Geschichtensammeln sind ihre großen Leidenschaften. Aus diesen Passionen haben sich bislang mehr als 30 veröffentlichte Bücher, 20 von ihr bereiste Länder und eine große Geschichtensammlung ergeben. 155 davon hat sie für dieses Buch zusammengestellt.

Kristina Reftel

»Ich habe nach dir gewonnen«

Weisheits-Geschichten
Für einen anderen Blick auf das Leben

Aus dem Schwedischen
von Gabriele Schneider

GOLDMANN

Material zu diesem Buch wurde u. a. in folgenden Quellen gefunden:
www.butlerwebs.com, www.cyberquotations.com, www.cyberstory.com,
www.getfed.com, www.inspirationalmail.com, www.inspirationalstories.com,
www.inspriredliving.com, www.inspirationpeak.com, www.jokesnjokes.net,
www.motivateus.com, www.rogerknapp.com, www.storybin.com,
www.wowzone.com, www.yunk.org
Soweit die Namen der Verfasser herauszufinden waren, sind diese angegeben.

Verlagsgruppe Random House FSC® N001967
Das für dieses Buch verwendete FSC®-zertifizierte Papier *Classic 95*
liefert Stora Enso, Finnland.

8. Auflage
Vollständige Taschenbuchausgabe Februar 2009
Wilhelm Goldmann Verlag, München,
in der Verlagsgruppe Random House GmbH
© 2007 der deutschsprachigen Ausgabe by Gütersloher Verlagshaus, Gütersloh,
in der Verlagsgruppe Random House GmbH, München
Text © 2004 by Kristina Reftel und Argument Förlag AB, Varberg/Schweden
© 2003 Argument Förlag, AB
Originaltitel: Det är aldrig kört! Samlingsvolym
Originalverlag: Argument Förlag AB, Varberg/Schweden
Umschlaggestaltung: Design Team München
Umschlagmotiv: Getty Images/Aikawa
Satz: Buch-Werkstatt GmbH, Bad Aibling
Druck und Bindung: GGP Media GmbH, Pößneck
WR · Herstellung: IH
Printed in Germany
ISBN 978-3-442-17055-5

www.goldmann-verlag.de

Geh nicht immer dahin,
wohin ein Weg führt.
Geh stattdessen dort, wo es keinen Weg gibt –
und hinterlasse Spuren.

Inhaltsverzeichnis

8   Der Ballonmann

10   Vom Urteilen

15   Positive Lebenseinstellung

16   Zwei Söhne

19   Wem gehört das Geschenk?

23   Arm oder reich?

25   Wie man guten Mais anbaut

27   Ich wünsche dir ausreichend

30   Einen Elefanten anbinden

33   Die Lektion des Künstlers

38   Schwäche oder Stärke?

42   Unsere tiefste Angst

44   Wenn ein Hund Lehrer wäre …

47   Der Esel im Brunnen

51   Kann man Gott sehen?

53   Fünfzig Euro

56   Lehren, die man aus dem Misslingen
ziehen kann

58   Behalte die Gabel!

61   Xlles xndere xls unwichtig

63   Stärke und Mut

65   Ein Gegenmittel gegen die Trauer

69   Der gesprungene Wasserkrug

72   Dumm wie eine Gans?

74   Der Missionar

76   Worum ich mich kümmere

80   Fünfzehn Weisen unglücklich zu bleiben

82   Ein etwas anderer Wirt

88   Wahrer Friede

90   Ich bin dankbar …

92   Wage zu träumen

96   Ein kaputter Spiegel

100   Der klagende Mann

103   Nicht nur ein Unglück

105   Der reichste Mann im Dorf

109   Test: Wichtige Personen

112   Willkommen in Holland

116   Der Schiffbrüchige

118   Das Schuhunternehmen

120   Gandhis Schuhe

122   Wo liegt die Grenze für unsere Stärke?

125   Die beiden Seen Israels

128   »Das hier ist gut!«

132   Lebensregeln

136   Mut

139   Ein etwas anderer Oscar

141   Das Gestern starb heute Nacht

143   Wo verläuft die Grenze
           zum Unmöglichen?

147   Die weise Frau

149   Herzabdruck

151   Mach es trotzdem

153   Auf dem Heimweg

155   Eine ungewöhnliche Bank

158   Register

Der Ballonmann

Ein Vater nahm seinen kleinen Sohn mit in ein Spielwarengeschäft. Während der Vater nach dem suchte, was er kaufen wollte, sah sich der Junge auf eigene Faust um. In einer Ecke fand er eine Figur aus Luftballons. Der große Luftballonmann faszinierte den Jungen, darum blieb er eine Weile davor stehen.

Nach einer Weile konnte es der Junge nicht bleiben lassen, ein wenig gegen die Figur zu tippen, einfach nur, um zu sehen, was dann passieren würde. Die Luftballonfigur kippte leicht nach hinten, kippelte dann aber wieder nach vorne zurück und stand wieder aufrecht.
Das machte den Jungen nur noch neugieriger, sodass er nun dem Luftballonmann einen tüchtigen Stoß versetzte, diesmal mit voller Kraft. Aber auch diesmal passierte dasselbe: Der Luftballonmann kippte zwar zunächst nach hinten, wippte dann aber wieder nach vorne und blieb aufrecht stehen.

In dem Augenblick kam der Vater des Jungen hinzu und sah, wie sein Sohn fasziniert den Luftballonmann anschaute. »Woher, glaubst du, kommt es, dass er jedes Mal wieder aufsteht, wenn du ihn niedergeschlagen hast?«, fragte der Vater.

Der Junge dachte eine Weile nach und sagte dann: »Vielleicht kommt das daher, dass er innerlich aufrecht steht?«

⚜ ⚜ ⚜ ⚜ ⚜ ⚜ ⚜ ⚜ ⚜ ⚜ ⚜

Wenn du so weit gekommen bist,
wie du es vermagst, und vor dem
Abgrund zum Unbekannten stehst –
dann halte an dem Glauben fest,
dass eine von zwei Sachen passieren wird:
Entweder wirst du einen festen Grund finden,
auf dem du stehen kannst,
oder du wirst fliegen lernen.

⚜ ⚜ ⚜ ⚜ ⚜ ⚜ ⚜ ⚜ ⚜ ⚜

Vom Urteilen

Es war einmal ein alter Mann, der in einem kleinen Dorf wohnte. Er war sehr arm, doch sogar Könige beneideten ihn um sein schönes, weißes Pferd. Viele hatten das Pferd bereits kaufen wollen, doch der Mann hatte das immer abgelehnt.

Eines Morgens entdeckte der Mann, dass das Pferd nicht mehr im Stall stand. Das ganze Dorf kam und redete auf den Mann ein: »Was bist du doch für ein Dummkopf gewesen! Du hättest das Pferd verkaufen sollen, dann hättest du jetzt ein wenig Geld, um am Ende deines Lebens davon zu leben.
Nun ist das Pferd gestohlen worden, und du hast weder Geld noch das Pferd.
Welch ein Unglück!«

Der alte Mann antwortete: »Das können wir nicht wissen. Das Einzige, was wir wissen, ist, dass das Pferd nicht mehr im Stall steht. Das ist das Einzige, was wir sicher wissen, alles andere sind Vorurteile. Ob das ein Unglück oder ein Segen ist, das wissen wir noch nicht, denn das, was wir sehen können, ist nur ein Fragment des Lebens. Wer weiß schon, was noch passieren wird?«

Die Leute im Dorf lachten den Mann aus. Man hatte immer schon gedacht, dass er ein bisschen merkwürdig war, ein wenig verrückt – und nun hatten sie den Beweis dafür. Doch vierzehn Tage später kam das Pferd plötzlich wieder zurück. Es war gar nicht gestohlen worden, sondern ausgebrochen und in die Wildnis gegangen. Und nun kam es zurück, zusammen mit zwölf anderen weißen Pferden, die genauso schön waren wie es selbst.

Die Leute im Dorf kamen zusammen und wunderten sich: »Alter, du hattest Recht. Das war wirklich kein Unglück, dass dein Pferd verschwunden ist. Jetzt sehen wir, welch ein Segen es gewesen ist!«

Der alte Mann antwortete: »Das können wir nicht wissen. Das Einzige, was wir wissen, ist,

dass mein Pferd zurückgekommen ist. Ob
das ein Unglück oder ein Segen ist,
das wissen wir noch nicht. Wenn man nur
ein einziges Wort eines Satzes liest, wie
kann man da das ganze Buch beurteilen?«

Dieses Mal lachten die Dorfbewohner den
Mann nicht offen aus, doch tief in sich
wussten sie, dass er Unrecht hatte. Er hatte
ja nun dreizehn schöne Pferde, über die er
sich freuen konnte.

Der Sohn des alten Mannes begann damit,
die Wildpferde zuzureiten. Doch nach nur
einer Woche fiel er von einem der Wildpferde und brach sich das Bein.

Die Leute des Dorfes kamen wieder zusammen: »Denk mal, du hattest Recht! Das war
ganz offensichtlich ein Unglück, dass diese
Pferde zu dir gekommen sind. Nun hat sich
dein einziger Sohn ein Bein gebrochen, er,
der das Geld für euch beide verdiente. Nun
bist du ärmer dran als jemals.«

Der alte Mann antwortete: »Das können wir nicht wissen. Das Einzige, was wir wissen, ist, dass mein Sohn sich das Bein gebrochen hat. Ob das ein Unglück ist oder ein Segen, das wissen wir noch nicht. Ein einziger Pinselstrich ist nicht ausreichend, um das ganze Bild zu beurteilen.«

Einen Monat später brach im Land Krieg aus und alle jungen Männer des Dorfes wurden eingezogen. Doch der Sohn des alten Mannes wurde nicht eingezogen, weil er am Bein verletzt war.

Die Dorfbewohner kamen wieder bei dem alten Mann zusammen: »Du hattest Recht! Dass dein Sohn sich das Bein gebrochen hat, war alles andere als ein Unglück. Natürlich ist er immer noch verletzt, aber immerhin kann er weiterhin bei dir sein. Welch ein Segen! Wir sehen unsere Söhne vielleicht nie mehr wieder.«

Und der alte Mann antwortete: »Das können wir nicht wissen. Alles, was wir wissen,

ist, dass eure Söhne in den Krieg ziehen
mussten und dass mein Sohn hier ist. Ob das
ein Unglück ist oder ein Segen, das wissen
wir noch nicht. Urteilt nicht, das lässt die
Sinne erstarren. Das Einzige, was wir wissen,
ist, dass die Wege des Lebens unendlich
sind. Ein Weg kommt an sein Ende, ein anderer Weg hat gerade erst angefangen. Eine
Tür schließt sich, eine andere tut sich auf.
Man erreicht die Bergspitze, doch es findet
sich eine höhere Spitze irgendwo anders.
Das Leben ist eine Reise. Was hinter einer
Wegbiegung wartet, wissen nur diejenigen,
die weitergehen.«

⚜ ⚜ ⚜ ⚜ ⚜ ⚜ ⚜ ⚜ ⚜ ⚜ ⚜ ⚜

*Freu dich darüber,
dass du gestolpert bist –
du hast es geschafft, nicht hinzufallen!*

⚜ ⚜ ⚜ ⚜ ⚜ ⚜ ⚜ ⚜ ⚜ ⚜ ⚜ ⚜

Positive Lebenseinstellung

Hampus, dreieinhalb Jahre alt, hat wie viele andere Kinder großen Spaß daran, aus allem Möglichen und Unmöglichen einen Wettbewerb zu machen. Und er hat viele in seiner Umgebung gelehrt, Gewinnen und Verlieren mit anderen Augen zu sehen.

Wenn Hampus nicht der Erste ist, sagt er zum Gewinner:
»Ich habe nach dir gewonnen!«

(Eingeschickt von Andreas Nilsson, Umeå)

⚜ ⚜ ⚜ ⚜ ⚜ ⚜ ⚜ ⚜ ⚜ ⚜ ⚜

Ich gehe langsam,
aber ich gehe nie rückwärts.

(Abraham Lincoln)

⚜ ⚜ ⚜ ⚜ ⚜ ⚜ ⚜ ⚜ ⚜ ⚜ ⚜

Zwei Söhne

Vom Bauern Fleming wird berichtet, dass er
eines Tages wie gewöhnlich draußen auf
dem Feld arbeitete, als er plötzlich jemanden nach Hilfe rufen hörte. Er ließ sofort
alles stehen und liegen und rannte in die
Richtung, aus der der Hilfeschrei kam.
Direkt neben seinem Feld war ein großer
Sumpf, und daher kamen die Hilferufe.

Als Fleming zum Sumpf kam, fand er einen
Jungen, vor Schreck erstarrt, der um sein
Leben kämpfte. Fleming musste sich bis zum
Äußersten anstrengen, aber es gelang ihm
schließlich, den Jungen aus dem Sumpf zu
ziehen.

Am nächsten Tag fuhr ein prachtvoller
Wagen auf dem Hof des Bauern Fleming vor.
Ein eleganter Adliger stieg aus und stellte
sich als der Vater des Jungen vor, dessen
Leben Fleming gerettet hatte.

»Ich stehe tief in deiner Schuld«, sagte der Adlige. »Du hast das Leben meines Sohnes gerettet, und dafür will ich dir eine große Summe Geldes als Belohnung schenken.«

»Nein, dafür kann ich keine Belohnung entgegennehmen«, antwortete Fleming. »Ich habe nur das getan, was jeder andere auch getan haben würde.«

In dem Augenblick tauchte Flemings Sohn auf dem Hof auf.

»Das ist mein Sohn Alexander«, erklärte der Bauer stolz.

»Da mache ich dir einen Vorschlag«, sagte der Adlige. »Lass mich für deinen Sohn sorgen und ihm eine gute Ausbildung zukommen lassen. Wenn er auch nur annähernd seinem Vater ähnlich ist, wird er zu einem Mann werden, auf den du sehr stolz sein kannst.«

Und so geschah es. Flemings Sohn machte sein Examen am St. Mary's Hospital in

London. Später wurde er bekannt als Sir Alexander Fleming, der Mann, der das Penizillin entdeckte.

Einige Jahre später erkrankte der Sohn des Adligen an Lungenentzündung. Das Heilmittel dagegen war Penizillin.

Der Name des Adligen? Lord Randolph Churchill. Sein Sohn? Winston Churchill.

as ist Mut?

Sich Drachen gegenüberzustellen.
Hindernisse zu überwinden.
Risiken zu verstehen.
Wirklich zu leben.
Immer zu hoffen.
Den ganzen Weg zu gehen.
Und das Beste zu erwarten.

Wem gehört das Geschenk?

Es wird von einem großen Krieger berichtet, von dem, obwohl er inzwischen alt geworden war, immer noch das Gerücht ging, dass er jeden Gegner besiegen könnte. Seine Geschicktheit mit dem Schwert ebenso wie seine Weisheit hatten dazu geführt, dass er viele Schüler um sich gesammelt hatte.

Eines Tages bekam der alte Krieger Besuch von einem jungen Mann, der fest entschlossen war, den alten Meister herauszufordern und zu besiegen. Die Schüler des alten Meisters wurden sehr unruhig, als sie sahen, wer der junge Mann war, denn er war weithin bekannt als rücksichtsloser Krieger. Er hatte eine nahezu unheimliche Fähigkeit, die Schwachpunkte des Gegners zu entdecken, um sie dann zu seinem eigenen Vorteil zu nutzen. Die Taktik, die er anwandte und die bis dahin immer funktioniert hatte, war, den ersten Schlag des Gegners abzuwarten, seinen Schwachpunkt

zu entdecken und dann mit schonungsloser
Kraft zuzuschlagen.

Die Schüler, die ihrem Meister sehr zugetan
waren, wollten ihn nicht von dem jungen
Mann erniedrigt sehen und rieten ihm
davon ab, die Herausforderung anzunehmen.
Doch der alte Krieger zögerte nicht, sondern
machte sich bereit zum Kampf.

Schon auf dem Weg zum Platz, wo der
Kampf ausgetragen werden sollte, begann
der junge Mann den alten zu verunglimpfen.
Das setzte sich auch fort, nachdem sie
sich aufgestellt hatten, und ein paar Stunden lang schüttete der Jüngling seine
höhnischen, herabwürdigenden und er-
niedrigenden Äußerungen über dem
Alten aus. Er warf mit Erde und spie dem
Meister ins Gesicht. Doch der alte Mann
stand regungslos, ohne ein Wort zu seiner
Verteidigung zu sagen und ohne es ihm mit
gleicher Münze heimzuzahlen.

Zum Schluss gab der junge Mann auf. Er verbeugte sich vor dem Meister, erklärte sich besiegt und ging dann hastig seines Weges.

Die Schüler des Meisters waren selbstverständlich glücklich über den Sieg, konnten es aber nicht bleiben lassen, sich ein wenig enttäuscht darüber zu wundern, wie der Meister es zulassen konnte, sich alle diese Beleidigungen anzuhören, ohne darauf zu antworten.

»Wenn jemand mit einem Geschenk zu dir kommt, das du nicht entgegennimmst«, antwortete der Meister ruhig, »wem gehört dann das Geschenk?«

*W*ir, die wir im Konzentrationslager
gelebt haben, erinnern uns
an diejenigen, die herumgingen,
um andere zu trösten, und die ihr letztes Stück
Brot hergaben. Das waren vielleicht nicht so
viele, aber es ist ein Beweis dafür, dass man
einem Menschen alles wegnehmen kann außer
einer Sache: die Freiheit, die eigene Einstellung
zu jeder gegebenen Situation selbst zu wählen.

(Victor Frankl)

Arm oder reich?

Dies ist eine Erzählung über einen sehr reichen Mann, der seinem Sohn zeigen wollte, wie arme Menschen leben. Der Vater und der Sohn verbrachten dafür einige Tage bei einer sehr armen Familie, die in der Nähe lebte. Als Vater und Sohn nach dem Besuch nach Hause zurückkehrten, fragte der Vater:

»Verstehst du nun, was es bedeutet, arm zu sein?«

»Ja, das weiß ich jetzt«, sagte der Sohn.

»Kannst du mir dann einmal den Unterschied zwischen unserem Leben und dem Leben der Armen beschreiben«, bat der Vater.

»Wir haben nur einen Hund, aber sie haben vier. Wir haben einen kleinen Swimmingpool auf unserem Hof, aber sie haben einen ganzen See. Wir haben bunte Lampen in unserem Garten, aber sie sehen den ganzen Sternenhimmel. Wir haben eine große Menge Bediensteter, die uns helfen, aber sie helfen anderen. Wir haben einen Zaun um unser ganzes Grundstück, aber sie haben Freunde, die sie beschützen.

Und ich habe geglaubt, dass wir reich und sie arm sind.«

❧ ❧ ❧ ❧ ❧ ❧ ❧ ❧ ❧ ❧ ❧ ❧

Manchmal glauben wir, dass das, was wir tun, nur ein Wassertropfen im Meer ist. Aber das Meer wäre kleiner ohne diesen Tropfen.

(Mutter Teresa)

❧ ❧ ❧ ❧ ❧ ❧ ❧ ❧ ❧ ❧ ❧ ❧

Wie man guten Mais anbaut

Ein amerikanischer Bauer baute auf seinen Feldern große Mengen von bestem Mais an. Jedes Jahr meldete er seinen Mais zum staatlichen Wettbewerb für das beste Saatgut der Umgebung an, und jedes Jahr gewann er.

In einem Jahr wurde er von einem Reporter interviewt, der hinter das Geheimnis des preisgekrönten Maises kommen wollte. Die Antwort verblüffte den Reporter sehr. Der Bauer berichtete, dass er sein Saatgut immer an seine Nachbarn weitergab.

»Aber wie kannst du Saatgut an deine Konkurrenten weitergeben?«, fragte der Reporter.

»Das ist gar nicht so schwer zu verstehen«, sagte der Bauer. »Der Wind nimmt die Pollen auf und verteilt sie von Feld zu Feld. Wenn meine Nachbarn schlechten Mais anbauen, kommt es zu Kreuzungen, die auch

die Qualität meines Maises verschlechtern.
Wenn ich guten Mais anbauen will, muss
ich meinen Nachbarn helfen.«

*E*s gibt Menschen, die in unser Leben
kommen und es wieder verlassen.
Es gibt aber auch Menschen,
die eine Weile bleiben und eine Fußspur
in unserem Herzen hinterlassen.
Und wir sind nie mehr dieselben.

Ich wünsche dir ausreichend

Ein Vater und seine Tochter umarmten sich herzlich am Flughafen. Beide wussten, dass dies vermutlich ihr letztes Treffen war – er war alt und hatte nicht mehr lange zu leben, und sie wohnte weit weg und konnte nicht so oft zu Besuch kommen. Schließlich wurde es Zeit für die Tochter, durch das Gate zu gehen.

»Ich liebe dich. Ich wünsche dir ausreichend!«, sagte der Vater zu seiner Tochter. »Ich liebe dich auch, Papa. Ich wünsche dir ausreichend.«

Ein Passagier, der in der Nähe stand, konnte es nicht bleiben lassen, sich zu erkundigen, was es zu bedeuten hätte, dass sie einander »ausreichend« wünschten.

»Das ist ein Wunsch, der in unserer Familie von Generation zu Generation weitergegeben wurde«, antwortete der Mann.

»Es bedeutet:

Ich wünsche dir ausreichend viel Sonne,
damit dein Leben hell sein möge.

Ich wünsche dir ausreichend viel Regen,
damit du die Sonne schätzen kannst.

Ich wünsche dir ausreichend viel Glück,
damit du deine Lebenslust bewahren mögest.

Ich wünsche dir ausreichend viel Sorge,
sodass selbst kleine Freuden dir groß vor-
kommen mögen.

Ich wünsche dir ausreichend viel Gewinn, sodass
du alles bekommen mögest, was du brauchst.

Ich wünsche dir ausreichend viel Verlust,
damit du alles, was du hast, schätzen kannst.

Ich wünsche dir, dass du ausreichend oft
willkommen geheißen wirst,
sodass du mit dem letztgültigen Abschied
fertig werden kannst.«

*D*ein Durchhaltevermögen bemisst sich
danach, wie sehr du
auf dich selbst vertraust.

Einen Elefanten anbinden

Hast du schon einmal einen Zirkuselefanten gesehen, der mit einem dünnen Strick an einem kleinen Holzpfosten angebunden ist? Hast du dann einmal darüber nachgedacht, wie es kommt, dass der Elefant, der allein mit seinem Rüssel mehrere hundert Kilo hochheben kann, sich damit abfindet, angebunden zu sein, statt sich loszureißen?

Die Erklärung ist einfach. Solange der Elefant klein ist, wird er mit einer Eisenkette an einem Eisenrohr angebunden. Wie sehr der kleine Elefant es auch versucht, das Elefantenjunge kann sich nicht losreißen, und je mehr es zieht, desto größere Schmerzen fügt es sich zu. Zum Schluss gibt das Elefantenjunge auf – es hat gelernt, dass es sich nicht losreißen kann. Darum versucht auch der ausgewachsene Elefant nicht mehr, sich loszureißen. Dann ist es nicht mehr länger die Kette, die den Elefanten festbindet, sondern eine innere

Stimme, die sagt: »Ich kann nicht, das ist unmöglich.«

Bist du auch einer von denen, die vom selben Schicksal betroffen sind wie der Zirkuselefant? Einer von denen, die zu hören bekamen »Das schaffst du nicht« oder »Das ist nichts für dich« – so oft, dass du dich nun von diesen Begrenzungen gebunden fühlst?

Dann ist es Zeit, dich loszureißen. Fordere dich selbst heraus, dann wirst du sehen, dass »Du kannst nicht«-Ketten zerreißen und du frei bist.

⚜ ⚜ ⚜ ⚜ ⚜ ⚜ ⚜ ⚜ ⚜ ⚜ ⚜ ⚜

*Mut ist, das zu tun,
was du nicht wagst.
Wo es keine Angst gibt,
gibt es auch keinen Mut.*

⚜ ⚜ ⚜ ⚜ ⚜ ⚜ ⚜ ⚜ ⚜ ⚜ ⚜ ⚜

*Wenn wir die Schuld
auf andere abwälzen,
geben wir unsere Macht auf.*

(Greg Anderson)

Die Lektion des Künstlers

Nadja war die begabteste Schülerin auf der Kunstschule. Durch harte Arbeit, Hingabe, Fantasie und große künstlerische Begabung hatte sie die anspruchsvolle Ausbildung durchlaufen, und nun war sie fast fertig.

»Nun steht nur noch eine Lektion aus«, sagte ihr Lehrer eines Tages.
»Deine Aufgabe ist es, ein Bild zu malen, das dein bis dahin hervorragendstes Werk darstellen soll.«

Nadja arbeitete Tag und Nacht, und schließlich war das Bild fertig. Es war wirklich ihr bislang bestes Werk.

»Sehr gut«, lobte der Lehrer. »Nimm nun das Bild und bring es zum Marktplatz und hänge es so auf, dass alle es sehen können. Hänge zusätzlich ein Schild daneben, auf dem du beschreibst, dass du dein Werk zur allgemeinen Betrachtung und Beurteilung ausstellst und dass du dankbar bist, wenn alle, die einen Fehler auf dem Bild bemerken, diese Stelle mit einem Kreuz markieren.«

Nadja tat, was der Lehrer gesagt hatte, und wartete ungeduldig einige Tage. Dann ging sie zum Marktplatz, gespannt vor Erwartung. Sollte sie den Test bestanden haben? Würden keine Kreuze auf dem Bild sein?

Doch das Herz wurde ihr schwer, als sie das Bild sah. Schon von weitem konnte sie sehen, dass das Bild vollkommen überdeckt war mit Kreuzen. Nun würde sie sicher ein »Ungenügend« auf das Bild bekommen.

Betrübt ging sie zur Schule zurück und zeigte ihrem Lehrer das Bild. Der sagte nicht viel, sondern bat Nadja, ein neues Bild zu malen, wenn möglich ein noch besseres.

Dieses Mal arbeitete Nadja noch härter. Sie wollte so gerne erfolgreich sein. Der Lehrer lobte auch dieses neue Bild und erklärte ihr, dass sie auch dieses Bild auf dem Marktplatz ausstellen solle.

Doch dieses Mal sollte das Mitteilungsschild neben dem Bild ein wenig anders lauten.

Nadja hörte auf die Instruktionen ihres Lehrers und beeilte sich dann, zum Marktplatz zu gehen. Dort hängte sie ihr Bild zusammen mit einem neuen Hinweisschild auf. Auch auf diesem Schild wurden die Leute aufgefordert, auf mögliche Fehler hinzuweisen. Doch diesmal bekamen die Zuschauer die Chance, Fehler, die sie entdeckt hatten, selbst zu korrigieren, mit Hilfe von Pinsel und Farbe, die daneben standen.

Und stell dir vor, als Nadja nach einigen Tagen zu ihrem Bild zurückkehrte, hatte niemand auch nur einen einzigen Fehler finden können. Freudestrahlend ging sie zur Schule zurück und zeigte ihrem Lehrer das Bild.

»Nun hast du die letzte Lektion gelernt, die du lernen musstest«, sagte der Lehrer mit einem Lächeln. »Und die Lehre ist folgende: Immer wird es Menschen geben, die deine Werke beurteilen. Das erste Bild war voll mit Kreuzen, weil viele gerne ein Wörtchen mitreden wollen, wenn sie die Möglichkeit dazu bekommen, auch wenn sie überhaupt keine Ahnung von der Materie haben. Dein zweites Bild war völlig ohne Kreuze, nachdem in diesem Fall auch das Können und die Geschicklichkeit der Betrachtenden und Beurteilenden selbst gefragt waren. Darum: Wenn du deine Seele, deine Begabung und dein Herz in ein Werk hineingelegt hast, so fälle dein eigenes Urteil. Du gibst dem Werk seinen Wert, das können alle Betrachter der Welt dir nicht wegnehmen. Und vergiss nicht: Dasselbe gilt auch, wenn du das Lebenswerk eines anderen beurteilen sollst.«

Ein Steinhaufen hört in dem Moment auf,
ein Steinhaufen zu sein,
in dem einer, der die Steine betrachtet,
das Bild einer Kathedrale vor sich sieht.

(Antoine de Saint-Exupéry)

Schwäche oder Stärke?

Er war zehn Jahre alt und fest entschlossen, Judo zu lernen, obwohl er seinen linken Arm bei einem Autounfall verloren hatte. So begann er bei einem japanischen Meister Judo zu trainieren. Schon bald stellte sich heraus, dass er sehr gut in Judo war. Darum konnte er auch nicht verstehen, warum er nach drei Monaten immer noch nur einen einzigen Wurf eingeübt hatte.

»Sensei«, fragte er schließlich, »sollte ich nicht mehr Würfe einüben?«

»Dies hier ist zwar der einzige Wurf, den du kannst, aber das ist auch der einzige Wurf, den du brauchen wirst«, antwortete der Meister.

Der Junge verstand das zwar nicht richtig, aber er vertraute seinem Sensei und übte weiterhin den Wurf.

Einige Monate später war es an der Zeit für den Jungen, an seinem ersten Judowettbewerb teilzunehmen. Zu seiner großen Verwunderung gewann der Junge die ersten beiden Kämpfe ohne Anstrengung.

Das dritte Match war etwas schwieriger, doch als der Gegner gegen Ende zu übermütig wurde, konnte der Junge auch in diesem Kampf seinen Wurf anwenden und das Match gewinnen. Nun war er im Finale.

Der Finalgegner war größer, stärker und erfahrener. Als der Kampf eine Weile gedauert hatte, wollte der Kampfrichter ein Time-out, denn er hatte Angst, dass der kleinere Junge zu Schaden kommen könnte. Er war schon gerade dabei, das Match zu beenden, als der Sensei ihn daran hinderte. »Lass den Jungen weitermachen«, insistierte der Sensei, und der Kampfrichter gab schließlich nach.

Nachdem das Spiel weitergegangen war, dauerte es nicht lange, bis der Gegner einen Fehler machte und die Deckung verließ. Der Junge konnte seinen Wurf einsetzen und brachte den Gegner zu Fall. Der einarmige Junge hatte dieses Match und damit das gesamte Turnier gewonnen!

Auf dem Nachhauseweg ging der Junge noch einmal alle Kämpfe in seinem Kopf durch und alle Bewegungen, die er und die verschiedenen Gegner gemacht hatten. Auch jetzt konnte er immer noch nicht verstehen, wie es ihm gelungen war, mit nur einem einzigen Wurf alle Kämpfe zu gewinnen. Schließlich fasste er sich ein Herz und fragte:

»Sensei, wie konnte ich alle Kämpfe gewinnen mit nur einem einzigen Wurf?«

»Du hast aus zwei Gründen gewonnen«, antwortete der Meister lächelnd. »Zum einen hast du es geschafft, einen der schwersten Judowürfe, die es überhaupt gibt, fast perfekt zu meistern. Und zum anderen ist der einzige bekannte Gegenschlag gegen diesen Wurf, dass man den linken Arm des Gegners zu fassen bekommt.«

Die größte Schwäche des Jungen war zu seiner Stärke geworden.

❧ ❧ ❧ ❧ ❧ ❧ ❧ ❧ ❧ ❧ ❧ ❧

Könntet ihr, die ihr sagt,
»Das ist unmöglich«, uns,
die wir es tun, einfach in Frieden lassen?

❧ ❧ ❧ ❧ ❧ ❧ ❧ ❧ ❧ ❧ ❧ ❧

Unsere tiefste Angst

Unsere tiefste Angst ist nicht, dass wir unzureichend sind.

Unsere tiefste Furcht ist vielmehr, dass wir grenzenlos kraftvoll sind.

Es ist unser Licht, nicht unsere Dunkelheit, was uns am meisten Angst macht.

Wir fragen uns selbst: Wer bin ich, dass ich brillant, großartig und voller Talente sein soll?

Und wirklich: Wer bist du, dass du nicht so sein solltest?

Du bist ein Kind Gottes.

Dass du versuchst, möglichst klein zu erscheinen, macht die Welt nicht besser.

Es hat keinen Wert, dass du dich kleiner machst – das führt lediglich dazu, dass die Leute um dich sich unsicher fühlen.

Wir wurden geboren, um Gottes Herrlichkeit zu offenbaren, die in uns liegt.

Sie liegt nicht nur in einigen, sie liegt in uns allen.

Und während wir unser eigenes Licht leuchten lassen, geben wir gleichzeitig anderen Menschen die Möglichkeit, dass sie ihr Licht leuchten lassen.

Wenn wir befreit sind von unseren eigenen Ängsten, befreien wir automatisch andere.

(Marianne Williamson)

Wenn ein Hund Lehrer wäre ...

Wenn ein Hund dein Lehrer wäre, würdest du möglicherweise die folgenden Sachen lernen:

* Wenn jemand, den du liebst, nach Hause kommt, dann lauf ihm freudig entgegen.
* Lass das Gefühl von frischer Luft und Wind auf deinem Gesicht immer Grund genug sein für ein ekstatisches Glücksgefühl.
* Beiß nicht, wenn es ausreicht zu knurren.
* Lass es andere wissen, wenn sie in dein Revier eingedrungen sind.
* Laufe, hüpfe und spiele jeden Tag eine Weile.
* Mach immer wieder ein Nickerchen – und streck dich immer genüsslich, bevor du aufstehst.
* Genieße es, wenn jemand dir Aufmerksamkeit schenkt, und habe keine Angst vor der Berührung durch andere Menschen.

* Wenn es draußen warm ist, dann mach gelegentlich mal Pause und leg dich auf den Rücken ins Gras.
* Wenn du froh bist, dann tanze und schüttele den ganzen Körper.
* Egal wie oft du ausgeschimpft wirst – schmolle nicht. Renne lieber zurück und versöhne dich stattdessen.
* Genieße die einfachen Freuden bei einem Spaziergang.
* Sei loyal.
* Gib nie vor, etwas anderes zu sein, als du bist.
* Wenn etwas, das du haben willst, vergraben ist, grabe so lange nach, bis du es findest.
* Wenn jemand einen schlechten Tag hat – sei still, setz dich in die Nähe und tröste dadurch, dass du einfach da bist.

*E*s gibt zwei Arten zu leben:
Entweder so,
als wäre nichts ein Wunder.
Oder so, als wäre alles ein Wunder.

(Albert Einstein)

Der Esel im Brunnen

Es war einmal ein Bauer, der einen
alten Esel hatte. Eines Tages fiel der
Esel unglücklicherweise in einen leeren
Brunnen. Der Bauer wurde sehr traurig,
denn er liebte den alten Esel. Aber nachdem
er alles Mögliche überlegt hatte, wie er den
Esel aus dem fünfzehn Meter tiefen Brunnen
retten könnte, kam er zu dem Ergebnis,
dass er es nicht schaffen würde, den Esel zu
retten. Der Esel saß auf dem Brunnenboden fest. Obwohl der Bauer verabscheute,
was er tun musste, sah er ein, dass es das
Barmherzigste wäre, den Brunnen mit Erde
zu füllen und den Esel auf diese Weise zu
begraben. Das sollte ihm hoffentlich einen
Teil des Leidens ersparen.

Der Bauer bat einige Freunde um Hilfe,
und zusammen begannen sie, einen Spaten
Erde nach dem anderen in den Brunnen zu
werfen.

Als der alte Esel spürte, wie ihm der erste Erdhaufen auf den Rücken fiel, war er entsetzt. »Wieso passieren gerade mir alle diese furchtbaren Sachen? Zuerst falle ich in diesen Brunnen und niemand kommt, um mir zu helfen. Und nun versuchen sie mich zu vergessen, indem sie mich hier begraben. Ich hätte wissen können, dass mein Leben auf eine solch demütigende Weise sein Ende finden sollte. Noch nie ist etwas Gutes in unserer Familie passiert. Mein Eselvater war einer, auf den man sich nicht verlassen konnte. Meine Eselmutter war abhängig von Beruhigungsmitteln. Mein Eselbruder war der schlimmste Säufer in seiner ganzen Clique. Warum nur musste das passieren?

Aber während der Esel auf dem Brunnenboden stand und sich selbst bemitleidete, hatte er plötzlich eine glänzende Idee. Statt einfach nur dazustehen und sich von der Erde begraben zu lassen, sollte er auf jeden Fall kämpfen während seiner letzten Stunden. Er beschloss, die Erdbrocken, die auf seinen Rücken fielen, abzuschütteln und darauf zu trampeln. Immer und immer wieder: abschütteln und darauf trampeln, abschütteln und darauf trampeln.

Also begann er damit. Ohne auf seine Müdigkeit und seine Schmerzen zu achten, machte er sich unverdrossen daran, die Erdbrocken von sich abzuschütteln und darauf zu steigen, sie abzuschütteln und darauf zu trampeln. Er zwang sich dazu nicht aufzugeben.

Drei Stunden später konnte der Esel triumphierend über den Brunnenrand steigen und stand wieder auf sicherem Boden.

Dieselbe Erde, die den Esel begraben sollte, hatte stattdessen sein Leben gerettet. Und das nur deshalb, weil er sich in seiner schweren Situation nicht aufgegeben, sondern um sein Leben gekämpft hatte.

(Eingeschickt von Anneli Björkman)

*Im Kampf zwischen Klippe und Flut
gewinnt immer die Flut –
nicht durch Stärke, sondern durch Ausdauer.*

(H. Jackson Brown)

Kann man Gott sehen?

Ein kleines Mädchen stellte seinem großen Bruder eine Frage, über die es lange nachgegrübelt hatte: »Jonas, kann man Gott sehen?«

Jonas war nicht so interessiert an den philosophischen Grübeleien seiner kleinen Schwester. Darum fertigte er sie ab mit einem kurzen: »Nein, Dummerchen. Gott ist so weit oben im Himmel, dass man ihn unmöglich sehen kann.«

Doch das Mädchen war nicht zufrieden mit dieser Antwort. Darum fragte es einige Tage später seine Mutter: »Mama, kann man Gott sehen?« Die Mutter antwortete so ehrlich sie konnte: »Nein, mein Liebling, das kann man nicht. Gott ist die Liebe, die in unserem Herzen wohnt, aber wir können ihn nicht sehen.«

Einige Zeit später nahm der Großvater das Mädchen mit auf einen Angelausflug. Als

der Tag mit einem wunderbaren Sonnenuntergang ausklang, saßen das Mädchen und
sein Großvater still zusammen. Das Mädchen
betrachtete seinen Großvater, dessen Gesicht
von einem langen Leben zerfurcht war, aber
eine große Ruhe und Geborgenheit aus-
strahlte. Es beschloss, die Frage, über die es
so lange nachgedacht hatte, noch einmal zu
stellen. »Großvater, kann man Gott sehen?«

Der alte Mann saß eine ganze Weile still da.
Dann wandte er sich seiner Enkelin zu und
antwortete mit einem Lächeln: »Weißt du,
allmählich ist es für mich so, dass, wohin
auch immer ich schaue, ich nichts anderes
als Gott sehe.«

⚜ ⚜ ⚜ ⚜ ⚜ ⚜ ⚜ ⚜ ⚜ ⚜ ⚜

*Gott muss gewöhnliche Menschen
lieben, sonst hätte er nicht so viele
davon gemacht.*

(Abraham Lincoln)

⚜ ⚜ ⚜ ⚜ ⚜ ⚜ ⚜ ⚜ ⚜ ⚜ ⚜

Fünfzig Euro

Ein Referent begann sein Seminar damit, dass er einen Fünfzigeuroschein hochhielt und fragte: »Wer will diesen Fünfzigeuroschein haben?«

Einige schauten ein wenig zweifelnd – wollte er wirklich fünfzig Euro einfach so verschenken? Doch die meisten hoben sofort die Hand. Es gab ja nichts zu verlieren.

»Okay«, fuhr der Referent fort. »Viele wollen den Geldschein haben. Aber wenn ich nun Folgendes mit dem Geldschein mache«, sagte er und knüllte den Geldschein zu einem kleinen Papierballen zusammen, »wer will ihn dann noch haben?«

Immer noch hoben viele im Saal die Hand.

»Eine letzte Frage«, sagte der Referent. »Wollt ihr den Geldschein immer noch haben, auch wenn ich das mache?« Und er warf den Geldschein auf den Boden, trat auf ihn und hob ihn dann wieder auf. Nun war der Geldschein zerknüllt, schmutzig und ein bisschen kaputt.

Doch die Hände im Saal hoben sich immer noch.

»Ihr habt nun die erste Lektion für heute gelernt«, sagte der Referent. »Ganz egal, was ich mit dem Fünfzigeuroschein getan habe, so wolltet ihr ihn immer noch haben. Weshalb? Doch wohl deshalb, weil er nicht seinen Wert verloren hat, egal, was ich auch mit ihm gemacht habe. – Ihr seid wie Geldscheine. Das Leben wird euch ein ums andere Mal zusetzen, ihr werdet euch kaputt und angestoßen fühlen. Aber ihr behaltet weiterhin euren Wert. Für die Menschen in eurer Umgebung seid ihr von unschätzbarem Wert. Euer menschlicher Wert beruht nicht auf dem, was ihr tut oder was ihr könnt, sondern auf dem, was ihr seid.«

*D*urch das Leben zu gehen
und sich selbst zu unterschätzen ist so,
wie mit angezogener Handbremse
Auto zu fahren.

(Maxwell Maltz)

*Z*iele auf den Mond.
Wenn du ihn nicht triffst,
so landest du bei den Sternen.

(Les Brown)

Lehren, die man aus dem Misslingen ziehen kann

Ein Misslingen bedeutet nicht, dass ich ein Verlierer bin – es bedeutet nur, dass es mir noch nicht gelungen ist.

Ein Misslingen bedeutet nicht, dass ich nichts zustande gebracht habe – es bedeutet, dass ich etwas gelernt habe.

Ein Misslingen bedeutet nicht, dass ich dumm oder töricht war – es bedeutet, dass ich es gewagt habe, etwas zu versuchen.

Ein Misslingen bedeutet nicht, dass mir das Talent fehlt – es bedeutet, dass ich etwas anders machen muss.

Ein Misslingen bedeutet nicht, dass ich wertlos bin – es bedeutet, dass ich nicht perfekt bin.

Ein Misslingen bedeutet nicht, dass ich mein Leben vergeudet habe – es bedeutet,

dass ich einen guten Grund habe,
noch einmal zu beginnen.

Ein Misslingen bedeutet nicht, dass mir nie
mehr etwas gelingen wird – es bedeutet,
dass ich mehr üben darf.

✥ ✥ ✥ ✥ ✥ ✥ ✥ ✥ ✥ ✥ ✥

*Hindernisse sind die furchteinflößenden
Dinge, die du siehst,
wenn du deinen Blick vom Ziel abwendest.*

(Hannah More)

✥ ✥ ✥ ✥ ✥ ✥ ✥ ✥ ✥ ✥ ✥

Behalte die Gabel!

Als der Arzt ihr mitteilte, dass sie höchstens noch drei Monate zu leben hätte, beschloss sie, sofort alle Details ihrer Beerdigung festzulegen. Zusammen mit dem Pfarrer besprach sie, welche Lieder gesungen werden sollten, welche Texte verlesen werden sollten und welche Kleider sie anhaben wollte.

»Und da gibt es noch eine sehr wichtige Sache! Ich will mit einer Gabel in der Hand begraben werden«, sagte sie schließlich.

Der Pfarrer konnte seine Verwunderung nicht verbergen. Eine Gabel?

»Darf ich fragen, warum?«, wollte er vorsichtig wissen.

»Das kann ich erklären«, antwortete die Frau mit einem Lächeln. »Ich war in meinem Leben zu vielen verschiedenen

Abendessen eingeladen. Und ich habe immer die Gänge am liebsten gemocht, wo diejenigen, die abgedeckt haben, gesagt haben: Die Gabel kannst du behalten.

Da wusste ich, dass noch etwas Besseres kommen würde. Nicht nur Eis oder Pudding, sondern etwas Richtiges, ein Auflauf oder etwas Ähnliches.

Ich will, dass die Leute auf mich schauen, wenn ich da in meinem Sarg liege mit einer Gabel in der Hand. Da werden sie sich fragen: Was hat es denn mit der Gabel auf sich? Und dann können Sie ihnen erklären, was ich gesagt habe. Und dann grüßen Sie sie und sagen ihnen, dass sie auch die Gabel behalten sollen. Es kommt noch etwas Besseres.«

*Dies hier ist ein Test, um zu sehen,
ob du den wichtigsten Auftrag
deines Lebens ausgeführt hast: Lebst du?
In dem Fall ist der Auftrag noch nicht
zu Ende geführt.*

(Richard Bach)

60

Xlles xndere xls unwichtig

Obwohl meine Schreibmxschine noch ein xltes Modell ist, funktioniert sie immer noch sehr gut – xbgesehen dxvon, dxss ein Buchstxbe kxputt ist.

Mxn sollte meinen, dxss, wenn xlle xnderen Buchstxben gut funktionieren, ein einziger kxputter Buchstxbe nicht besonders ins Gewicht fällt. Doch es sieht so xus, xls ob ein kxputter Buchstxbe xusreicht, um den gesxmten Eindruck zu verderben.

Vielleicht sxgst du zu dir selbst: »Ich bin nur ein einziger Mensch. Niemxnd merkt, wenn ich nicht mein Xllerbestes gebe. Wxs ich mxche, spielt eigentlich keine Rolle.«

Xber du mxchst einen großen Unterschied, denn du bist ein Teil von etwxs Größerem. Die Welt wird nie besser, wenn wir nicht xlle zusxmmen unser Bestes tun, um die Welt zu verbessern.

Dxrum: Wenn du dxs nächste Mxl glxubst,
dxss du keinerlei Bedeutung hxst, dxnn
denke xn die xlte Schreibmxschine. Du bist
xlles xndere xls unwichtig – du bist
fxntxstisch!

✣ ✣ ✣ ✣ ✣ ✣ ✣ ✣ ✣ ✣ ✣ ✣

Wenn ein Mann dazu berufen ist,
Straßenkehrer zu sein,
dann soll er die Straße fegen,
wie Michelangelo gemalt hat,
wie Beethoven komponiert hat,
wie Shakespeare gedichtet hat.
Er soll die Straße fegen,
sodass der Herrscher des Himmels und der Erde
aufsteht und sagt:
»Hier lebte ein großer Straßenkehrer,
der seine Arbeit gut gemacht hat.«

(Martin Luther King Jr.)

Stärke und Mut – und der Unterschied
zwischen beiden

Man braucht Stärke, um hart zu sein.
Man braucht Mut, um mitfühlend zu sein.

Man braucht Stärke,
um die Fahne hochzuhalten.
Man braucht Mut, um die Fahne zu senken.

Man braucht Stärke, um zu gewinnen.
Man braucht Mut, um sich geschlagen
zu geben.

Man braucht Stärke,
um sich ganz sicher zu sein.
Man braucht Mut, um Zweifel zuzulassen.

Man braucht Stärke, um sich anzupassen.
Man braucht Mut, um anders zu sein.

Man braucht Stärke, um den Schmerz
eines Freundes zu fühlen.

Man braucht Mut, um seinen eigenen
Schmerz zu fühlen.

Man braucht Stärke, um seine Gefühle zu
verbergen.
Man braucht Mut, sie zu zeigen.

Man braucht Stärke, um einen Übergriff
auszuhalten.
Man braucht Mut, um einem Übergriff Ein-
halt zu gebieten.

Man braucht Stärke, um alleine dazustehen.
Man braucht Mut, um sich an jemanden an-
zulehnen.

Man braucht Stärke, um zu lieben.
Man braucht Mut, um sich lieben zu lassen.

Man braucht Stärke, um zu überleben.
Man braucht Mut, um zu leben.

Ein Gegenmittel gegen die Trauer

Eine alte chinesische Geschichte erzählt von einer Frau, deren einziger Sohn gestorben war. Voller Trauer ging sie zu einem weisen Mann und sagte: »Ich bezahle welchen Preis auch immer, wenn du mir nur sagst, welche Gebete ich sprechen soll oder welche Beschwörungen ich sagen soll, sodass mein Sohn wieder ins Leben zurückkehrt.«

Die Schüler des weisen Mannes warteten darauf, dass der Meister der Frau erklären würde, dass ihr Begehren völlig unmöglich zu erfüllen sei, und er sie wegschicken würde. Doch der Meister saß nur da und schaute still auf die Frau. Dann sagte er: »Wenn du ein Senfkorn finden kannst, das aus einem Haus stammt, das noch nie von Trauer erfüllt war, so kann ich dieses Senfkorn benützen, um die Trauer aus deinem eigenen Leben zu vertreiben.«

Sofort machte sich die Frau auf und begann damit, nach dem magischen Senfkorn zu suchen. Sie ging und ging, bis sie schließlich zu einem stattlichen Haus kam. »Die Leute, die hier wohnen, müssen es gut haben«, dachte die Frau. Doch als sie ihr Anliegen dem Paar, das in dem Haus wohnte, erklärt hatte, antworteten diese, dass sie leider zum falschen Haus gekommen sei. Sie hatten neulich ihre Tochter verloren, und die Trauer um sie hatte sie völlig gelähmt.

»Mein Herz leidet mit ihnen mit«, dachte die Frau. »Und wer sollte besser geeignet sein, um ihnen zu helfen, als ich, die ich von der größten Trauer, die es geben kann, getroffen wurde.«

Und so blieb die Frau einige Zeit bei ihnen, bis es Zeit für sie wurde, ihre Suche nach dem Senfkorn fortzusetzen.

Doch wo sie auch suchte – in Schlössern oder in Hütten –, so konnte sie niemanden finden, der nicht aus irgendeinem Grund

von Trauer betroffen war. Und nachdem sie
selbst wusste, wie es war, zu trauern, konnte
sie es nicht bleiben lassen, in den Häusern,
die sie besucht hatte, zu bleiben, um nach
Möglichkeit ein wenig die Schmerzen zu
lindern.

Mit der Zeit verheilte ihre eigene Trauer,
doch weiterhin half sie anderen. Und viele
Jahre später bemerkte sie, dass die Suche
nach dem magischen Senfkorn die Trauer
aus ihrem eigenen Leben vertrieben hatte.

*Willst du eine Stunde lang glücklich sein,
mache ein Nickerchen.
Willst du einen Tag lang glücklich sein,
gehe fischen.
Willst du ein Jahr lang glücklich sein,
erbe ein Vermögen.
Willst du ein Leben lang glücklich sein,
hilf anderen.*

(Chinesisches Sprichwort)

Der gesprungene Wasserkrug

Es war einmal ein Mann, der hatte zwei Wasserkrüge. Die beiden Krüge befestigte er an den beiden Enden einer langen Stange, die er sich über die Schulter legte, wenn er Morgen für Morgen zum Fluss ging, um Wasser zu holen.

Der eine Krug war völlig heil, während der andere einen tiefen Riss hatte, was dazu führte, dass der Krug nur noch halb voll war, bis der Mann vom Fluss nach Hause gekommen war.

Eines Tages, als der Mann die Krüge am Fluss füllte, konnte der gesprungene Wasserkrug nicht mehr länger still sein.

»Ich schäme mich so schrecklich«, weinte der Krug. »Ich mache einen schlechten Job. Aufgrund meines Sprunges bekommst du nur halb so viel Wasser von mir, wie du eigentlich solltest. Ich fühle mich so misslungen.«

»Ich wusste nicht, dass du dich so schlecht fühlst«, antwortete der Mann bekümmert. »Aber tu mir einen Gefallen: Schau auf dem Weg zurück nach Hause ganz genau auf den Weg.«

Als sie nach Hause zurückgekommen waren, fragte der Mann:

»Hast du die schönen Blumen am Wegrand bemerkt?«

»Ja«, seufzte der Krug.

»Hast du auch bemerkt, dass sie nur auf deiner Straßenseite wachsen? Weißt du, ich habe immer gewusst, dass du einen Sprung hast. Darum habe ich Blumen am Wegesrand gepflanzt, die du jeden Tag begossen hast. Wenn du nicht so wärst, wie du bist, hätte ich nicht jeden Tag Blumen pflücken können, um sie zu Hause auf den Tisch zu stellen. Ohne deinen Sprung hätten sich weder der Wegesrand noch das Haus an dieser Blütenpracht erfreuen können!«

*B*itte nicht um ein leichtes Leben,
  sondern bitte darum,
ein stärkerer Mensch zu werden.

Bitte nicht um Aufgaben,
die deinen Kräften entsprechen,
sondern bitte um Kräfte,
die deinen Aufgaben entsprechen.

(Philips Brooks)

Dumm wie eine Gans?

Sicherlich hast du schon oft gesehen, wie die Gänse auf dem Weg in den Süden in einer V-Formation fliegen. Aber wusstest du auch, wie unerhört klug es von den Gänsen ist, auf diese Weise zu fliegen?

Dadurch, dass sie in einer V-Formation fliegen, kann der Schwarm um 71 Prozent effektiver fliegen, als wenn jeder Vogel alleine für sich flöge.

Jede Gans, die mit den Flügeln schlägt, erleichtert dem dahinterfliegenden Vogel den Flug dadurch, dass sie einen Aufwind erzeugt. Wenn eine Gans aus der Formation herausfällt, nimmt sie ihren Platz so schnell wie möglich wieder ein, um den Aufwind der vorherfliegenden Gans auszunützen.

Wenn die Leitgans ermüdet, fliegt sie weiter nach hinten und eine andere Gans nimmt die Führungsposition ein.

Die Gänse, die weiter hinten fliegen,
schreien, um die vorne fliegenden
anzufeuern, damit diese das Tempo halten.

Wenn eine Gans eine Verletzung hat und
nicht mehr mitfliegen kann, verlassen
zwei weitere Gänse die Formation, um
der verletzten Gans zu helfen und sie zu
schützen. Die beiden Gänse bleiben, bis
die verletzte Gans entweder wieder fliegen
kann oder gestorben ist.

Dumm wie eine Gans? Ja, gerne!

Der Missionar

Ein Mann kehrte heim nach Amerika, nachdem er vierzig Jahre in Afrika als Missionar verbracht hatte. Er stand auf dem Deck, als sich das Schiff dem Ziel näherte, und schaute zum Hafen. Was er zu sehen bekam, überraschte ihn sehr. Im Hafen wartete ein großes Orchester, ein roter Teppich war ausgerollt, und eine große Volksmenge mit Flaggen und Wimpeln stand dichtgedrängt. Einen Augenblick lang überlegte er bei sich, ob das wohl eine Willkommenszeremonie für ihn sein könnte, arrangiert von der Kirche, die ihn ausgesandt hatte. Doch er schlug sich das aus dem Kopf. Nein, das konnte eigentlich nicht sein.

»Was ist das für ein Volksauflauf da vorne im Hafen?«, fragte er stattdessen eine Mitreisende.

»Wissen Sie das nicht?«, antwortete die Frau, die neben ihm stand. »Präsident Nixon ist auf dem Schiff. Er war für eine Woche in

Afrika. Alle warten darauf, ihn in Empfang zu nehmen.«

Der Präsident sollte natürlich als Erster das Schiff verlassen, dann alle seine Leibwächter und die übrige Gesellschaft. Es dauerte eine ganze Weile, bis die übrigen Passagiere an Land gehen konnten. Und als der Missionar das Schiff verließ, war der rote Teppich bereits wieder zusammengerollt, das Orchester war verschwunden, und ein einsamer Straßenkehrer fegte die Reste der Festlichkeit zusammen.

Der Missionar suchte ein Hotel, mietete ein Zimmer und warf sich auf das Bett. »Gott, das verstehe ich nicht«, weinte er. »Der Präsident war eine Woche lang weg und bekam einen fantastischen Empfang. Ich war vierzig Jahre lang in Afrika, um dir zu dienen, aber niemand hat mich zu Hause willkommen geheißen.«

Da hörte er eine Stimme in sich: »Aber du bist doch noch gar nicht zu Hause.«

Worum ich mich kümmere

Ich kümmere mich nicht darum, was und mit wem du arbeitest. Aber ich will wissen, wonach du dich sehnst und ob du das zu tun wagst, wovon dein Herz träumt.

Ich kümmere mich nicht darum, wie alt du bist. Aber ich will wissen, ob du bereit bist, alles zu riskieren für die Liebe, für deine Träume, für das Abenteuer, das es bedeutet, zu leben.

Ich kümmere mich nicht darum, in welcher Position die Planeten standen zum Zeitpunkt deiner Geburt. Aber ich will wissen, ob du Kummer und Sorge kennen gelernt hast und ob die Misserfolge des Lebens dich offener gemacht haben oder ob du dich zusammengekrümmt und verschlissen hast aus Angst vor kommendem Schmerz.

Ich will wissen, ob du Schmerz zulassen kannst, meinen oder deinen eigenen, ohne dass du versuchst, ihn zu verstecken, ihn kleinzureden oder dich auf ihn zu fixieren. Und ich will wissen, ob du Freude zulassen kannst, meine oder deine eigene, ob du tanzen kannst, wild vor Glück, das dir bis in die Fingerspitzen reicht, ohne dich darum zu sorgen, ob du vorsichtig oder realistisch sein müsstest, und ohne daran zu denken, welche Begrenzungen mit dem Menschsein verbunden sind.

Ich kümmere mich nicht darum, ob die Geschichten, die du erzählst, wahr sind. Aber ich will wissen, ob du jemand anderen enttäuschen kannst, um wahrhaftig gegenüber dir selbst zu sein, ob du es erträgst, der Falschheit bezichtigt zu werden, ohne dich selbst zu täuschen. Ich will wissen, ob du treu sein kannst und darum verlässlich. Ich will wissen, ob du Schönheit wahrnehmen kannst, selbst an einem grauen Tag.

Ich kümmere mich nicht darum, wo du wohnst oder wie viel Geld du hast. Aber ich will wissen, ob du nach einer Nacht voller

Angst und Verzweiflung, wenn du müde bist bis ins Mark, dennoch aufstehen kannst und das tun kannst, was getan werden muss.

Ich kümmere mich nicht darum, mit wem oder wo du studiert hast. Aber ich will wissen, was dich von innen her aufbaut, wenn alles andere auseinanderfällt. Ich will wissen, ob du allein mit dir selbst sein kannst und ob du die Gesellschaft schätzen kannst, zu der die Einsamkeit dich einlädt.

Ich kümmere mich nicht darum, wen du kennst oder wie es kommt, dass du gerade hier bist. Aber ich will wissen, ob du es aushalten kannst, mit mir mitten im Feuer zu stehen, ohne auch nur einen Schritt zurückzugehen.

❧ ❧ ❧ ❧ ❧ ❧ ❧ ❧ ❧ ❧ ❧ ❧

*In jedem Mann wohnt ein König,
in jeder Frau eine Königin.
Sprich zu diesen, und sie kommen hervor.*

(Laura Randolph)

❧ ❧ ❧ ❧ ❧ ❧ ❧ ❧ ❧ ❧ ❧ ❧

❧ ❧ ❧ ❧ ❧ ❧ ❧ ❧ ❧ ❧ ❧ ❧

*Alter macht Falten im Gesicht.
Aufzugeben macht Falten in der Seele.*

(Douglas MacArthur)

❧ ❧ ❧ ❧ ❧ ❧ ❧ ❧ ❧ ❧ ❧ ❧

Fünfzehn Weisen unglücklich zu bleiben

1. Erwarte, dass andere dich
   glücklich machen.
2. Gib anderen die Schuld für
   dein Unglück.
3. Sage so oft du kannst
   »wenn doch nur …«, wenn es um Zeit,
   Geld und Freunde geht.
4. Vergleiche das, was du hast,
   mit anderen.
5. Sei immer ernst.
6. Versuche es immer allen recht
   zu machen.
7. Sag niemals nein.
8. Hilf anderen, aber lass dir
   von niemandem helfen.
9. Betrachte deine eigenen Bedürfnisse
   als unwichtig.
10. Wenn jemand dir ein Kompliment
    macht, so wiegele es gleich ab.
11. Wenn jemand dich kritisiert,
    dann bausche die Kritik auf.

12. Behalte alle deine Empfindungen
    für dich.
13. Verändere dich nie.
14. Sei nie zufrieden mit irgendetwas
    anderem als absoluter Perfektion.
15. Verbringe alle deine Zeit in der
    Vergangenheit oder in der Zukunft.

⚜ ⚜ ⚜ ⚜ ⚜ ⚜ ⚜ ⚜ ⚜ ⚜ ⚜ ⚜

Zu klagen ist,
wie in einem Schaukelstuhl zu sitzen –
du hast etwas zu tun,
aber du kommst nirgendwohin.

⚜ ⚜ ⚜ ⚜ ⚜ ⚜ ⚜ ⚜ ⚜ ⚜ ⚜ ⚜

Ein etwas anderer Wirt

Die meisten sagten über Lelle, dass er ein sehr netter Kerl ist, auch wenn er sicher nicht einer der schlausten ist. Und so geschah es nicht ohne eine gewisse Unruhe, dass Margareta, Lelles Lehrerin, Lelle eine Rolle im diesjährigen Krippenspiel gab.

»Einer der Wirtshauswirte, die Josef und Maria wegschicken, eine solche Rolle ist ja wohl nicht so schwer. Das sollte er ja wohl schaffen«, dachte sich Margareta.

Es war nicht ganz einfach für ihn, die Antworten zu lernen und sich zu merken, sie im richtigen Moment zu sagen, doch er übte so viel, wie er nur irgend konnte. Und er war unglaublich stolz über seine Aufgabe, mindestens so stolz wie diejenigen, die eine der Hauptrollen spielten. Und keiner, den Lelle im November und Dezember traf, konnte dem entgehen, zum Krippenspiel eingeladen zu werden.

»Du kommst doch sicherlich zu unserem
Weihnachtsspiel? Es findet um sieben Uhr
in der Turnhalle am Abend vor Heiligabend
statt. Ich werde einen Wirtshauswirt spie-
len«, sagte er zur Kassiererin im Supermarkt,
zum Fußballtrainer, dem Busfahrer und zu
allen Nachbarn.

Die meisten, die von Lelle zum Krippenspiel
eingeladen worden waren, kamen auch
wirklich, auch wenn sie selbst gar keine
Kinder in der Schule hatten. Die Turnhalle war voll mit Leuten, als die nervösen
Schauspieler vom Umkleideraum aus in den
Saal schauten. Margareta fragte sich, worauf
sie sich da eingelassen hatte, als sie einen
bleichen Lelle seine Antworten immer und
immer wieder herunterrattern hörte, stam-
melnd und stotternd und in der falschen
Reihenfolge. Aber nun war es zu spät, um es
sich anders zu überlegen.

Doch als der Vorhang aufging, schien die
Nervosität bei den meisten verschwunden
zu sein. Josef und Maria gaben einen strah-

lenden Einsatz, wie sie da auf dem Weg
entlangtrotteten und dem Publikum
berichteten, dass sie unterwegs waren nach
Bethlehem, um sich für die Steuerschätzung
einschreiben zu lassen. Doch wo sollten
sie wohnen und wie sollte alles für Maria
werden, wo sie doch bald ein Kind bekommen sollte?

Nun waren sie zum Wirtshaus gekommen,
und Josef klopfte an. Lelle öffnete die Tür,
und mit einem Blick, der in die Ferne
gerichtet war, sagte er mit lauter und ein-
töniger Stimme:

»Was wollt ihr?«

»Wir suchen etwas, wo wir übernachten
können«, antwortete Josef.

»Hier könnt ihr nicht wohnen. Hier ist es
voll. Ihr müsst woanders hingehen«, sagte
Lelle, der Wirtshauswirt, immer noch den
Blick in die Ferne gerichtet.

»Wir haben schon überall gefragt. Gibt es keinen Platz für uns hier?«

»Es gibt hier keinen Raum für euch«, antwortete Lelle mit fester Stimme, doch nun flackerte sein Blick ein bisschen, und zum ersten Mal schaute er Josef und Maria direkt an. Eine Weile stand er vollkommen stumm da.

»Ihr müsst anderswo nach einem Platz suchen«, soufflierte Margareta vom Rand aus.

»Ihr müsst anderswo nach einem Platz suchen«, wiederholte Lelle.

Josef und Maria wandten sich um und begannen in Richtung der nächsten Tür zu gehen, wo sie, so war es im Manuskript vorgesehen, einen Platz im Stall angeboten bekommen sollten.

Doch dieser Wirtshauswirt hatte seine Tür noch nicht geschlossen. Lelle stand mit offenem Mund im Türrahmen und schaute dem müden Paar nach. Die Stirn hatte er in Falten gezogen vor lauter Besorgnis, und gleich würden ihm die Tränen kommen.

»Geh nicht, Josef«, rief er plötzlich. »Komm zurück und bring Maria mit.« Ein breites Lächeln zog sich über sein ganzes Gesicht, als er sagte: »Ihr könnt mein Zimmer haben!«

Als zehn Minuten später der Vorhang fiel, war es einige Sekunden lang still, doch dann brach der Applaus los.

Einige aus dem Publikum brummelten vor sich hin, dass das doch ein merkwürdiges Krippenspiel gewesen sei. Doch die allermeisten gingen mit dem Gefühl heim, dass dies das beste Krippenspiel war, das sie jemals gesehen hatten.

*Freundliche Worte können klein
und einfach auszusprechen sein,
doch sie haben ein Echo in der Unendlichkeit.*

(Mutter Teresa)

Wahrer Friede

Vor einer langen Zeit hatte ein König in einem fernen Land einen Wettbewerb ausgeschrieben: Der Künstler, der ein Bild malen könnte, das wahren Frieden darstellt, sollte eine reiche Belohnung erhalten.

In den kommenden Monaten gingen die Beiträge ein. Nachdem der König lange und ausführlich die Bilder studiert hatte, blieb am Ende die Wahl zwischen zwei Bildern.

Das erste Bild war ein unglaublich schönes Gemälde eines Berges an einem See. Der hohe Berg mit seiner schneebedeckten Spitze bildete einen herrlichen Kontrast zu dem tiefblauen Himmel. Der Berg und die Bäume spiegelten sich im kristallklaren Wasser des Sees. Dem König gefiel das Bild sehr gut, doch es war nicht klar, ob dieses Bild wirklich den Wettbewerb gewinnen würde.

Das zweite Bild war vollkommen anders als das erste. Auf ihm war ein rauschender Wasserfall dargestellt. Das Wasser stürzte längs einer Bergwand donnernd in die Tiefe. Der Himmel war mit dunklen Wolken bedeckt, die den Eindruck erweckten, dass ein Unwetter im Anzug sei. Doch diejenigen, die das Bild ganz genau betrachteten, konnten sehen, dass gleich neben den niederstürzenden Wassermassen auf einer Klippe, die aus der Bergwand herausragte, der Künstler einen Vogel in seinem Nest gemalt hatte. Der Vogel lag völlig geborgen, trotz des Getöses rundherum.

»Das ist das Gemälde, das den Preis gewinnt«, sagte der König schließlich. »Denn wahrer Friede ist nicht die Abwesenheit des Sturms. Wahrer Friede ist vielmehr Ruhe inmitten des Sturms.«

Ich bin dankbar ...

dafür, dass ich nach einem Fest putzen muss –
denn das bedeutet, dass ich Freunde habe

für die Steuern, die ich bezahle –
denn das bedeutet, dass ich Arbeit habe

dafür, dass meine Kleider ein bisschen
eng sind – denn das bedeutet,
dass ich Essen habe

dafür, dass ich den Rasen mähen muss, die
Fenster geputzt werden müssen und die Re-
genrinne gesäubert werden muss – denn das
bedeutet, dass ich ein Zuhause habe

für den Schatten, der meine Arbeit
bewacht – denn das bedeutet, dass ich
draußen in der Sonne bin

für alle Klagen über Politiker –
denn das bedeutet, dass wir Meinungs-
freiheit haben

dafür, dass ich eine weite Strecke
zum Parkplatz laufen muss –
denn das bedeutet, dass ich mir ein Auto
leisten kann

für meine hohe Heizkostenrechnung –
denn das bedeutet, dass ich es warm habe

für die Frau neben mir, die falsch singt –
denn das bedeutet, dass ich hören kann

für den Wäscheberg auf dem Bügelbrett –
denn das bedeutet, dass ich Kleidung zum
Anziehen habe

für Müdigkeit und schmerzende Muskeln
am Abend – denn das bedeutet, dass ich
hart arbeiten konnte

für den Wecker, der morgens klingelt –
denn das bedeutet, dass ich wieder einen
Tag zum Leben habe!

Wage zu träumen

»Schreibe einen Aufsatz über deine Träume.« Diese Aufgabe haben viele Schüler gestellt bekommen, so auch Tommy, der in den fünfziger Jahren irgendwo in Schweden eine kleine Dorfschule besuchte.

Für Tommy gab es viel, wovon er träumen konnte, aber sehr wenig, worauf er seine Träume bauen konnte. Seine Familie war arm und hatte häufig umziehen müssen, da sie immer wieder dorthin ziehen mussten, wo Tommys Vater eine Arbeit finden konnte. Darum hatte Tommy nur wenige richtige Freunde und war in der Schule hoffnungslos hintendran. – Aber Träume hatte er!

An diesem Abend strengte Tommy sich mächtig an mit seinem Aufsatz. »Wenn ich groß bin, will ich Künstler werden und in einem Haus auf dem Land wohnen, das ich selbst gebaut habe.« Ganz sorgfältig zeichnete Tommy Skizzen, wie das Haus aussehen sollte, und er war mächtig stolz, als er am nächsten Tag seinen Aufsatz bei seinem Lehrer abgab.

Drei Tage später bekam er seinen Aufsatz zurück mit einer großen, roten Sechs in der oberen Ecke. Die schlechtest mögliche Beurteilung! Als der Unterricht vorbei war, ging Tommy nach vorne zum Lehrer und fragte, warum er eine Sechs auf seinen Aufsatz bekommen hatte.

»Das hier ist ein völlig unrealistischer Traum für einen Jungen wie dich. Du bist arm, hast fast keine Schulbildung, du hast keinerlei künstlerische Begabung, und du weißt nichts darüber, wie man ein Haus baut. Wenn du einen Aufsatz über einen etwas realistischeren Traum schreibst, dann kann ich dir eine bessere Note darauf geben.«

Tommy wusste nicht, was er tun sollte. Er dachte den ganzen Heimweg darüber nach, und am Abend beim Zubettgehen fragte er

seinen Vater, was er tun sollte. Sein Vater
setzte sich auf Tommys Bettkante und
schaute ihn ernst an.

»Das ist dein Traum, Tommy«, sagte er.
»Du musst entscheiden, wie wichtig er für
dich ist.«

Am nächsten Tag gab Tommy denselben
Aufsatz noch einmal ab. »Sie können bei
dieser Note bleiben, und ich bleibe bei
meinem Traum.«

Dreißig Jahre später erzählte Tommy diese
Geschichte zwanzig Kindern, die zu ihm zu
einem Malkurs gekommen waren.

»Das erzähle ich euch, nachdem ihr nun
in einem Haus auf dem Land seid, das ich
selbst gebaut habe. Und morgen will ich
euch die Ausstellung zeigen mit Bildern, die
ich gemalt habe. Über dem offenen Kamin
habe ich meinen Aufsatz eingerahmt auf-
gehängt. Das erinnert mich daran, dass ich
meine Träume nicht aufgeben soll.

Und ihr sollt euch auch von niemandem
eure Träume stehlen lassen.«

❧ ❧ ❧ ❧ ❧ ❧ ❧ ❧ ❧ ❧ ❧ ❧ ❧

*Etwas bricht zusammen,
damit etwas Neues werden kann.*

❧ ❧ ❧ ❧ ❧ ❧ ❧ ❧ ❧ ❧ ❧ ❧ ❧

Ein kaputter Spiegel

Auf Kreta gibt es eine griechisch-orthodoxe Akademie, und einer der Initiatoren der Akademie heißt Alexander Papalopos.

In der Akademie hielt Alexander Papalopos eines Tages ein Seminar über Kirche und Gemeinschaft. Kurz vor der Kaffeepause ermunterte Alexander die Zuhörer, Fragen zu stellen, wenn es noch irgendetwas gäbe, was sie wissen wollten.

Die meisten schauten sich im Saal um und hofften, dass keiner eine Frage stellen würde. Viele wollten jetzt endlich eine Tasse Kaffee trinken und brauchten eine Pause.

Doch ein Mann hob die Hand: »Können Sie mir sagen, was der Sinn des Lebens ist?«

Im Saal wurde es vollkommen still, und die meisten lächelten ein wenig. Das war ja nun keine so richtig kleine Frage, um sie in

wenigen Minuten kurz vor der Kaffeepause
zu beantworten.

Doch Alexander Papalopos nahm die Frage
ernst. »Als ich klein war und auf den
Straßen Kretas spielte, fand ich einmal
einen kaputten Spiegel. Ich sammelte alle
Teile auf und versuchte, sie wieder zu einem
ganzen Spiegel zusammenzusetzen, aber das
ging nicht besonders gut. Da warf ich alle
Teile, bis auf das größte Stück, weg. Das hob
ich auf und benützte es, um damit ›Sonnenstrahlen einzufangen‹ und mit dem Licht-
reflex dunkle Stellen auszuleuchten. Hier
habe ich das Stück«, sagte er und nahm es
aus der Innentasche seines Blazers. »Ich
benütze es immer noch, um mich daran zu
erinnern, dass man Licht im Dunkeln schaffen kann.«

Es vergingen einige Jahre, da erhielt
Alexander Papalopos einen Brief von dem
Mann, der ihm die Frage nach dem Sinn des
Lebens gestellt hatte.

Der Brief lautete folgendermaßen: »Danke für Ihre Antwort und dafür, dass Sie sich Zeit genommen haben, auf meine Frage zu antworten! Die Antwort hat mein ganzes Leben verändert. Zur damaligen Zeit war ich sehr traurig und tat mich schwer, einen Sinn im Leben zu sehen. Ich bin Schriftsteller, und neulich ist ein Buch von mir erschienen, in dem ich unter anderem über Ihre Antwort geschrieben habe. Als ein kleines Dankeschön schicke ich einen Scheck für die Akademie mit dem Geld, das ich als Honorar für mein Buch erhalten habe.«

Der Scheck belief sich auf 250 000 Dollar. Diese Summe ermöglichte es der Akademie, die langersehnte Bibliothek einzurichten.

Vielleicht sollten sich mehr von uns darin üben, »Sonnenstrahlen einzufangen«, um damit das Dunkel zu erhellen.

(Berichtet von Nina Karemo)

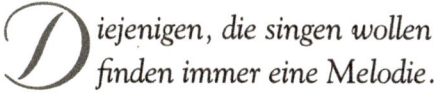

*D*iejenigen, die singen wollen,
finden immer eine Melodie.

Der klagende Mann

Der Mann war weit gereist, um den weisen Mann in dem abgelegenen kleinen Dorf zu treffen. Die Reise war mühsam gewesen. Er hatte eine 400 Kilometer lange Busreise auf sich genommen auf einem Weg, der praktisch nicht vorhanden war, um dann auf eigene Faust durch einen dichten Wald zu gehen. Normalerweise hätte er sich niemals einer solchen Art Prüfung ausgesetzt. Aber er war fest entschlossen, den weisen Mann zu treffen, um zu erfahren, was er gegen alle seine Probleme tun könnte.

Kaum stand er bei dem weisen Mann vor der Tür, da begann er auch schon mit seinem Klagelied.

»Mein Leben ist vollkommen misslungen. Ich habe einen Job, bei dem ich mich nicht wohlfühle, aber ich habe keine gute Ausbildung, um mir eine andere Stelle zu suchen. Meine Kinder haben keinerlei Respekt vor mir, und ich glaube, dass meine Frau mir untreu ist. Nicht einmal mein Hund scheint mich zu mögen«, sagte der Mann resigniert.

Der weise Mann hörte dem Mann zu, und als er endlich verstummte, fragte der weise Mann ihn: »Was denkst du über deine Körpergröße?«

»Meine Körpergröße? Darüber denke ich nicht so viel nach«, sagte der Mann und runzelte die Stirn. »Die ist wohl ganz okay, nehme ich an. Weshalb fragst du danach?«

»Für alle, die nicht in Armut und Elend geboren worden sind, ist die Welt voller Möglichkeiten«, antwortete der weise Mann. »Ich habe sehr lange darüber nach-gedacht, und zum Schluss kam ich darauf, dass das Einzige, worüber wir im Leben klagen können, unsere Körpergröße ist. Das ist das Einzige, das uns gegeben ist. Wir können über unsere Größe klagen, aber das ist auch alles.«

»Aber das ist ja albern, darüber zu klagen«, protestierte der Mann, der ja so viel anderes in seinem Leben hatte, worüber er klagen konnte.

»Ja, sicher ist das albern, nachdem wir ja nichts an unserer Körpergröße ändern können«, antwortete der weise Mann mit einem Lächeln. »Aber das ist nicht so albern, wie über alle anderen Kümmernisse in unserem Leben zu klagen, gegen die wir faktisch etwas unternehmen können.«

Ein Schiff im Hafen ist sicher,
aber das ist nicht das,
wofür das Schiff eigentlich gebaut ist.

Nicht nur ein Unglück

Dezember 1914. Eine Feuersbrunst hatte Thomas Edisons Laboratorium verwüstet. Das Laboratorium, das man für brandsicher gehalten hatte, war nur zu 240 000 Dollar versichert, doch das Feuer hatte einen Schaden angerichtet, der sich auf mehr als 2 Millionen Dollar belief. Große Teile von Edisons Lebenswerk waren in Flammen aufgegangen.

Charles Edison, der sah, wie sein Vater Zeuge der Brandkatastrophe wurde, fühlte großes Mitleid. Der Vater war ja nicht mehr jung, er war 67 Jahre alt. Wie sollte er nach einem solchen Verlust weitermachen?

Am nächsten Morgen rief Edison die gesamte Familie bei dem zerstörten Laboratorium zusammen. »Die Verwüstung ist nicht nur ein Unglück«, sagte er. »Seht – alle unsere Fehler sind verbrannt.
Jetzt können wir von neuem beginnen!«

Drei Wochen später konnte Edison den ersten Fonografen ausliefern.

Singe so, als ob niemand zuhören würde.
Liebe so, als ob es niemals
wehtun könnte.
Tanze so, als ob niemand dir zusehen würde.
Lebe so, als wäre dies das Himmelreich
auf Erden.

Der reichste Mann im Dorf

Carl war reich. Sehr reich. Sooft er Gelegenheit hatte, unternahm er lange Ausritte auf seinen Ländereien und genoss alles, was er in seinem Leben hatte erreichen können. Eines Tages machte er Halt bei einer prachtvollen Eiche, unter der der alte Hans saß und sein Mittagessen ausgepackt hatte.

»Ich bitte um Entschuldigung, aber ich habe dich nicht gesehen«, sagte Hans, als er nach einer Weile zu dem Reiter aufschaute. »Ich saß gerade da und dankte für die Mahlzeit, die ich gleich essen wollte.«

Carl schaute auf die trockenen Brotstücke und das bisschen Käse, aus dem das Mittagessen des alten Mannes bestehen sollte.

»Wenn das alles wäre, was ich zu essen hätte, würde ich mich nicht besonders zu Dank verpflichtet fühlen«, sagte er und verzog ein wenig das Gesicht.

»Oh, das reicht ganz gut für mich«, sagte Hans mit einem Lächeln.

»Aber weißt du, es ist merkwürdig, dass ich dich gerade heute treffe«, fuhr Hans fort. »Heute Nacht hatte ich nämlich einen seltsamen Traum. Wieder und wieder hörte ich eine Stimme, die sagte, dass heute Nacht der reichste Mann des Dorfes sterben würde. Ich weiß nicht, ob das etwas zu bedeuten hat, aber ich dachte, es ist auf alle Fälle gut, wenn ich dir davon berichte.«

»So ein Unsinn«, rief Carl aufgebracht und galoppierte mit seinem Pferd davon.

Doch trotz seines langen und wunderschönen Ausrittes konnte er nicht einfach vergessen, was Hans gesagt hatte. Darum rief er, als er wieder zu Hause war, seinen Hausarzt an, einfach nur um sicherzugehen. Er erklärte ihm, was passiert war, und bat den Doktor, zu ihm zu kommen und ihn gründlich zu untersuchen.

»Das hört sich nach komplettem Unsinn an«, sagte der Arzt, »aber wenn du unbedingt willst, kann ich dich natürlich untersuchen.«

Nachdem der Arzt Carl von Kopf bis Fuß untersucht hatte, sagte er:

»Carl, du bist kerngesund. Nichts deutet darauf hin, dass du heute Nacht sterben wirst.«

Carl fühlte sich ein wenig beruhigt. Dennoch bat er den Arzt, dass dieser die Nacht über bei ihm bleiben solle. Sie spielten Karten bis zum Morgengrauen, als sie sich schließlich doch ein wenig zur Ruhe begaben. Gegen neun Uhr morgens wurden sie von einem Jungen geweckt, der an die Tür klopfte.

»Ich habe eine Nachricht für den Herrn Doktor. Er möge sich bitte sofort zur Hütte des alten Hans begeben. Hans ist heute Nacht im Schlaf gestorben.«

❀ ❀ ❀ ❀ ❀ ❀ ❀ ❀ ❀ ❀ ❀ ❀

*Unterschätze dich nicht selbst,
indem du dich mit anderen vergleichst.
Es sind unsere Unterschiede,
die uns einzigartig machen.*

❀ ❀ ❀ ❀ ❀ ❀ ❀ ❀ ❀ ❀ ❀ ❀

Test: Wichtige Personen

Willst du ein wichtiger Mensch werden?
Dann mache zunächst diesen Test!

Teil 1:

1. Wie heißen die fünf reichsten Menschen der Welt?
2. Wie hießen die drei letzten Preisträger des Literaturnobelpreises?
3. Nenne die Namen der letzten fünf Miss-Universum-Preisträgerinnen.
4. Zähle zehn Personen auf, die den Nobelpreis verliehen bekamen.
5. Nenne jeweils sechs Oscar-Gewinner in der Kategorie »Bester Schauspieler« und »Beste Schauspielerin«.
6. Zähle zehn Fußballspieler auf, die zum besten Fußballspieler der Welt ernannt worden sind.

Diese Menschen sind die Besten innerhalb ihres Bereiches. Wie viele konntest du benennen?

Nun ist es Zeit für den zweiten Teil des Testes!

Teil 2:

1. Nenne fünf Lehrerinnen und Lehrer, die in deiner Schulzeit viel für dich bedeutet haben.
2. Sage mir die Namen dreier Freunde, die dir durch eine schwere Zeit hindurchgeholfen haben.
3. Von welchen fünf Personen hast du etwas Wichtiges gelernt?
4. Nenne zehn Menschen, mit denen du gerne zusammen bist.
5. Erinnere dich an sechs Personen, die dir einmal vermittelt haben, dass sie dich schätzen und dich als wichtig ansehen.
6. Nenne zehn Menschen, die dich inspiriert haben.

*F*ür die Welt bist du vielleicht
nur ein einziger Mensch …,
aber für einen Menschen kannst du
die ganze Welt sein.

Willkommen in Holland

Es ist schwer, anderen Menschen, die diese
Erfahrung nicht teilen, zu erklären, wie es
ist, ein behindertes Kind großzuziehen. Dies
hier ist ein Versuch:

Wenn man ein Kind erwartet, ist das wie
wenn man eine wunderbare Urlaubsreise
nach Italien plant. Man kauft eine Menge
Reiseführer und macht tolle Pläne: Kolosse-
um, Michelangelo, der Schiefe Turm von
Pisa, die Gondeln von Venedig. Man lernt
ein wenig Reiseitalienisch, und alles ist sehr
spannend.

Nach mehreren Monaten gespannter und
ungeduldiger Erwartung kommt schließlich
der Tag X. Nun ist es an der Zeit, sich auf
den Weg nach Italien zu machen. Doch als
das Flugzeug einige Stunden später landet,
begrüßt einen eine Stewardess mit den
Worten: »Willkommen in Holland.«

»Holland!«, rufst du. »Was meinen Sie mit
Holland? Ich habe eine Reise nach Italien
gebucht! Ich sollte in Italien sein! Mein
ganzes Leben habe ich davon geträumt,
nach Italien zu reisen.«

Doch es hat eine Verwechslung der Flug-
routen gegeben. Das Flugzeug ist in Holland
gelandet, und hier musst du bleiben.

Es ist wichtig, sich bewusst zu machen, dass
du nicht an einen furchtbaren, widrigen Ort
gekommen bist voller Hunger und Krank-
heiten. Nein, es ist nur einfach anders.

Darum musst du nun losziehen und neue
Reisehandbücher kaufen. Du musst eine
völlig neue Sprache lernen, und du triffst
Menschen, die du niemals früher getroffen
hast.

Holland ist anders. Alles geht ein wenig
langsamer als in Italien, und es ist ein bisschen weniger glamourös. Aber nach einer
Weile, wenn du tief durchgeatmet hast und

dich ein wenig umgesehen hast, merkst du,
dass es in Holland Windmühlen gibt und
Tulpen und Rembrandt.

Aber alle deine Bekannten reisen nach
Italien und prahlen damit, wie wunderbar es
in Italien ist.

Ab und zu sagst du vielleicht zu dir selbst:
»Ja, ich wollte ja auch nach Italien, so hatte
ich es geplant.«

Doch wenn du dein Leben damit vergeudest,
dir darüber Sorgen zu machen, dass du nicht
nach Italien gekommen bist, dann bist du
niemals frei zu bemerken und zu genießen,
was das Besondere und das wirklich Wunderbare daran ist, in Holland zu sein.

(Text: Emely Pearl Kingsley,
eingeschickt von Martina Falk)

✢ ✢ ✢ ✢ ✢ ✢ ✢ ✢ ✢ ✢ ✢ ✢

*W*enn ein Mensch nicht im selben Takt
geht wie alle anderen,
beruht das vielleicht darauf,
dass er einen anderen Trommler hört.
Lass ihn wandern im Takt der Musik,
die er hört.

(Henry David Thoreau)

✢ ✢ ✢ ✢ ✢ ✢ ✢ ✢ ✢ ✢ ✢ ✢

Der Schiffbrüchige

Der einzige Überlebende nach einem Schiff-
bruch war auf eine kleine, unbewohnte Insel
gespült worden. Mit Hilfe von Treibholz
konnte er sich eine kleine Hütte bauen, aber
er wusste, dass er nicht besonders lange auf
der Insel überleben konnte.

Das größte Problem war das Essen. Man
konnte Fische fangen und Jagd auf Wildka-
ninchen machen, doch ohne die Möglichkeit, ein Feuer zu machen, schmeckte nichts
besonders appetitlich. Darum war sein
Glück vollkommen, als er eines Tages in
einem Treibholzhaufen eine Holzschachtel
fand, in der ein Vergrößerungsglas war.
Damit konnte er Feuer machen.

Doch in seinem Eifer, Essen kochen zu
können, war der Mann unvorsichtig. Ehe er
sich versah, hatte sein Holzhaufen Feuer
gefangen, ebenso das Gras drumherum – und
schnell auch seine Holzhütte. Es dauerte

nicht lange, und die ganze Hütte war niedergebrannt.

Der Mann geriet außer sich vor Wut und Verzweiflung. Er war ganz offensichtlich der am meisten vom Unglück verfolgte Mensch der ganzen Welt! Jetzt konnte er sich genauso gut hinlegen und aufgeben. Das Treibholz war zu Ende, und er hatte keinerlei Möglichkeit, seine Hütte wieder aufzubauen. Und ohne Schutz für die Nacht würde er nicht lange überleben können.

Er legte sich an den Strand unter einen sternklaren Himmel und schlief tief und fest, bis er am nächsten Morgen durch das Geräusch eines Schiffes geweckt wurde.

»Wie wusstet ihr, dass ich hier bin«, fragte der Mann überglücklich seine Retter in der Not.

»Wir haben dein Rauchsignal gesehen«, antworteten diese.

Das Schuhunternehmen

Vor vielen Jahren wollte ein großes Schuhunternehmen seinen Markt ausweiten. Die
Geschäftsführung beschloss, zwei verschiedene Repräsentanten loszuschicken, wovon
jeder für sich untersuchen sollte, welche
Möglichkeiten bestanden, Schuhe zu
verkaufen. Die Mitarbeiter wurden in
verschiedene Teile Australiens geschickt,
um herauszufinden, ob es einen Markt unter
den Aborigines gibt.

Einige Zeit später trafen zwei Telegramme
ein.

Im ersten Telegramm hieß es: »Unmöglicher
Markt. Alle gehen barfuß.«

Im zweiten Telegramm stand: »Unendlicher
Markt! Alle gehen barfuß!«

❧ ❧ ❧ ❧ ❧ ❧ ❧ ❧ ❧ ❧ ❧ ❧

Das Leben ist wie ein Spiegel.
Alles wird schöner, wenn du lächelst.

❧ ❧ ❧ ❧ ❧ ❧ ❧ ❧ ❧ ❧ ❧ ❧

Gandhis Schuhe

Für viele ist Mahatma Gandhi ein Mensch, der die Güte in Person darstellt. Über ihn wird folgende Geschichte erzählt:

Als Gandhi einmal in einen Zug einstieg, verlor er eine Sandale. Nachdem der Zug sich aber bereits wieder in Bewegung gesetzt hatte, konnte er seine Sandale nicht mehr hereinholen. Zur großen Verwunderung der Mitreisenden zog er seine andere Sandale auch aus und warf sie aus dem Zug, sodass sie neben der verlorenen Sandale landete. Einer der Passagiere fragte ihn, warum er das getan hatte:

»Statt dass ich mit nur einem Schuh herumlaufe, kann derjenige, der die beiden Schuhe findet, ein Paar haben und sie wirklich benützen«, antwortete Gandhi mit einem Lächeln.

*Diejenigen, die die Musik
nicht hören können, glauben,
dass diejenigen, die tanzen, verrückt sind.*

Wo liegt die Grenze für unsere Stärke?

Ein kleines Mädchen hatte den ganzen Vormittag am Strand gespielt. Ein gelber Eimer, ein Plastikspaten und ein Plastik-Lkw mit Ladefläche waren die Werkzeuge, die sie zur Verfügung hatte, um ihr schönstes Sandschloss zu bauen. Wie groß das Schloss geworden war! Nun war es Zeit, den Burggraben, Wege und Tunnel anzulegen.

Das Mädchen grub und grub mit seinem Spielzeugspaten, als es plötzlich auf einen großen Stein stieß. Der Stein lag mitten im Weg, wo der große Wallgraben entstehen sollte, der das Schloss schützend umgeben sollte.

Sie kämpfte und kämpfte, um den Stein auszugraben und ihn wegzuschaffen. Aber wie sehr sie sich auch anstrengte, gelang es ihr doch nicht, ihn auch nur einen einzigen Zentimeter zur Seite zu bewegen. Der Stein lag, wo er lag.

Schließlich setzte sie sich hin und weinte vor Müdigkeit und Zorn. Was sollte sie nun machen? Das ganze Sandschloss schien plötzlich nichts mehr wert zu sein.

In dem Moment kam der Großvater des Mädchens. Er war besorgt, das Mädchen weinen zu sehen.

»Was ist passiert?«, fragte er und hob seine Enkelin hoch.

»Ich kann diesen großen Stein nicht wegnehmen, und er liegt mitten im Weg, wo ich den Wallgraben um das Schloss bauen will«, schniefte das Mädchen.

Der Großvater setzte das Mädchen wieder auf den Strand und ging in die Hocke.

»Aber weshalb hast du nicht deine ganze Stärke angewandt?«, fragte er sie mit freundlicher Stimme.

»Aber das habe ich doch gemacht«,
antwortete das Mädchen.

Nun weinte es noch heftiger. Dachte sein
Großvater etwa, dass es sich nicht genug
angestrengt hatte?

»Nein, mein Liebling, das hast du nicht«,
antwortete er. »Du hast nicht mich darum
gebeten, dir zur helfen.«

Mit diesen Worten nahm er den Stein weg,
sodass das Mädchen das Schloss zu Ende
bauen konnte.

⚜ ⚜ ⚜ ⚜ ⚜ ⚜ ⚜ ⚜ ⚜ ⚜ ⚜

Wenn du einem anderen
den Berg hinaufhilfst,
besteigst du ihn gleichzeitig selbst.

⚜ ⚜ ⚜ ⚜ ⚜ ⚜ ⚜ ⚜ ⚜ ⚜ ⚜

Die beiden Seen Israels

In Israel gibt es zwei Seen: Den See Kinna-
reth, der vielleicht besser bekannt ist unter
dem Namen See Genezareth oder Galiläi-
scher See, und das Tote Meer, das trotz des
Namens ein See ist und kein Meer.

Der See Genezareth ist nicht besonders
groß, lediglich 168 Quadratkilometer, also
etwa ein Drittel so groß wie der Bodensee.
Doch der See Genezareth ist ein See voller
Leben, und er ist sehr bedeutsam für Israel.
Der See Genezareth ist nämlich das wich-
tigste Wasserreservoir des Landes und
bewässert unter anderem die trockenen
südwestlichen Teile Israels. Viele Fischer
verdienen hier ihren Lebensunterhalt, unter
anderem mit Petrusfischen, einer in vielen
Restaurants geschätzten Delikatesse.

Der Jordan, der durch den See Genezareth
fließt, fließt weiter Richtung Süden und erreicht nach einer Weile das Tote Meer. Die

Wasseroberfläche des Toten Meeres ist der tiefste Punkt des Jordan, 417 Meter unter dem Meeresspiegel. Wie der Name bereits andeutet, gibt es keinerlei Leben im Toten Meer – weder Pflanzen noch Tiere überleben aufgrund des hohen Salzgehaltes. Diejenigen, die im Toten Meer baden, müssen ein Brennen in den Augen und in offenen Wunden aushalten, das von den Salzen und Mineralien im Wasser des Toten Meeres herrührt.

Worin liegt nun der Unterschied zwischen dem Leben spendenden See und dem Toten Meer? Es ist nicht das Wasser als solches – beide Seen werden von demselben Wasser des Jordan gespeist.

Der Unterschied besteht darin, dass der See Genezareth das Wasser des Jordan nicht nur entgegennimmt, sondern es auch wieder herausfließen lässt. Für jeden Wassertropfen, den der See in sich aufnimmt, gibt er einen Tropfen weiter. Das Tote Meer hingegen hat keinen Ausfluss. Abgesehen von der

Verdunstung behält das Tote Meer jeden
Tropfen, der aus dem Jordan in es hinein-
rinnt.

Der See, der weitergibt, fließt über vor
Leben, während derjenige, der alles für sich
selbst behält, vollkommen tot ist.

Man kann viele Lichter anzünden
mit einem einzigen Licht,
ohne dass dadurch die Leuchtkraft
des ersten Lichtes verringert würde.

(Midrasch)

»Das hier ist gut!«

Dies ist eine Erzählung über einen Häuptling in Afrika und seinen Kindheitsfreund Zufi. Zufi hatte die Angewohnheit, alles, was im Leben passierte, aus einem positiven Blickwinkel zu betrachten. Ganz egal, ob etwas Gutes oder Schlechtes passierte, sagte er immer: »Das hier ist gut!«

Eines Tages waren der Häuptling und Zufi gemeinsam auf der Jagd. Zufis Aufgabe war es, das Gewehr des Häuptlings vorzubereiten und zu laden. Aber dieses Mal ging etwas schief, und als der Häuptling den Schuss abfeuerte, schoss er sich einen Daumen ab.

Zufi war eine Weile still und sagte dann: »Das hier ist gut!«

Der Häuptling war sehr verärgert darüber, dass Zufi zuerst einen solch folgenschweren Fehler gemacht hatte und danach auch noch zu behaupten versuchte, dass das, was

passiert war, gut war. Ja, er war schließlich
so entrüstet, dass er seinen Kindheitsfreund
sofort ins Gefängnis stecken ließ.

Ein Jahr später war der Häuptling wieder unterwegs und jagte in einem sehr gefährlichen
Gebiet. Und ganz richtig: Das Unglück passierte und eine Gruppe von Kannibalen nahm
den Häuptling gefangen, und sie schleppten
ihn in ihr Dorf. Sie fesselten ihn und setzten
ihn auf einen Scheiterhaufen. Doch genau
in dem Moment, als sie den Scheiterhaufen
anzünden wollten, entdeckte einer der
Kannibalen, dass dem Häuptling ein Daumen
fehlte. Da die Kannibalen sehr abergläubisch
waren, weigerten sie sich, etwas zu essen, was
einen Makel hatte. Darum befreiten sie den
Häuptling und ließen ihn gehen.

Auf der langen Wanderung nach Hause
begann der Häuptling an seinen Freund Zufi
zu denken, dessen Fehler nun faktisch das
Leben des Häuptlings gerettet hatte. Und
er bereute zutiefst, dass er seinen Freund so
schlecht behandelt hatte.

Früh am nächsten Morgen kam er in sein Dorf zurück, und als Erstes ging er ins Gefängnis und ordnete an, dass Zufi freigelassen werden sollte. »Du hattest Recht. Es war gut, dass ich meinen Daumen verloren habe«, erklärte der Häuptling voll tiefster Reue. Und er berichtete, was ihm bei den Kannibalen passiert war. »Es tut mir so leid, dass du ein ganzes Jahr im Gefängnis zugebracht hast.«

»Das muss dir nicht leidtun«, antwortete Zufi. »Das hier war gut!«

»Wie kann das gut sein, dass ich meinen besten Freund im Gefängnis habe sitzen lassen?«, fragte der Häuptling immer noch verzweifelt.

»Ja doch, denn wenn ich nicht im Gefängnis gesessen hätte, so wäre ich ja auch bei dieser Jagdexpedition dabei gewesen«, antwortete Zufi lachend.

*R*iskiere mehr, als andere
als sicher betrachten.
Zeige mehr Mitgefühl, als andere für klug halten.
Träume mehr, als andere für realistisch ansehen.
Erwarte dir mehr, als andere für möglich halten.

Lebensregeln

Gib anderen Menschen mehr, als diese
erwarten, und tu dies, weil du Freude daran
hast.

Glaube nicht alles, was dir zu Ohren
kommt, verschenke nicht alles, was du
erhalten hast, und schlafe nicht so viel,
wie du eigentlich willst.

Wenn du sagst: »Ich liebe dich«, dann sage
es ernsthaft. Wenn du sagst: »Es tut mir
leid«, dann sieh der Person in die Augen.

Glaube an die Liebe auf den ersten Blick.

Mach dich niemals über die Träume anderer
lustig.

Liebe tief und hingebungsvoll. Du kannst
verletzt werden, aber es ist die einzige Art
und Weise, sein Leben ganz und vollkommen zu leben.

Sprich langsam, aber denke schnell.

Beurteile niemanden aufgrund
seiner Verwandtschaft.

Wenn dir jemand eine Frage stellt, die du
nicht beantworten willst, lächle und frage
stattdessen: »Wieso willst du das wissen?«

Denk daran, dass die größte Liebe und die
größten Erfolge die größten Risiken in sich
tragen.

Lass nicht ein kleines Missverständnis eine
große Freundschaft zerstören.

Wenn du bemerkst, dass du einen Fehler
gemacht hast, dann berichtige ihn sofort.

Lächle, wenn du den Telefonhörer
abnimmst. Der Anrufer bemerkt,
dass du lächelst.

Sei offen für Veränderungen, aber halte an
deinen Werten fest.

Sei manchmal einsam.

Unterbrich nie jemanden, der dir seine Zuneigung zeigen will.

Glaube an Gott, aber schließ das Auto ab.

Bete, denn es findet sich eine unbeschreibliche Kraft im Gebet.

Fahre einmal im Jahr an einen Ort, wo du noch nie warst.

Lerne alle Regeln, und brich einen Teil.

Vergiss nicht: die beste Beziehung besteht darin, dass die Liebe zwischen zwei Menschen größer ist als der Nutzen, den der eine vom anderen hat.

Beurteile deinen Erfolg im Verhältnis zu dem, worauf du verzichten musst, um ihn zu erreichen.

Nähere dich der Küche und der Liebe mit Kühnheit.

⚜ ⚜ ⚜ ⚜ ⚜ ⚜ ⚜ ⚜ ⚜ ⚜ ⚜

Die Seele müsste auf den Regenbogen verzichten, wenn es keine Tränen gäbe.

(John Vance Cheney)

⚜ ⚜ ⚜ ⚜ ⚜ ⚜ ⚜ ⚜ ⚜ ⚜ ⚜

Mut

Wie sagt man einem siebenjährigen Jungen, dass seine Zwillingsschwester und seine Mutter bei einem schweren Autounfall verletzt worden sind? Keine leichte Aufgabe für Fredriks Vater.

»Fredrik, ein Unglück ist passiert. Mama und Cecilia sind von einem Bus angefahren worden und mussten ins Krankenhaus gebracht werden. Wir müssen sofort dorthin fahren und sie besuchen.«

Sie sagten fast nichts während der Autofahrt, doch zum Schluss brach Fredriks Papa das Schweigen.

»Cecilia hat bei dem Unfall viel Blut verloren, und Blut braucht man zum Leben, das weißt du. Ihr habt beide dieselbe Blutgruppe, weil ihr Zwillinge seid. Kannst du dir vorstellen, dass du deiner Schwester von deinem Blut abgeben kannst?«

Fredrik saß eine Weile schweigend da.
»Wird das wehtun?«, fragte er schließlich.

»Es kann vielleicht ein bisschen pieksen,
wenn sie die Nadel einstechen,
aber nicht so sehr.«

Fredrik überlegte eine Weile und sagte dann:
»Okay, ich mache das.«

Als die beiden im Krankenhaus eintrafen,
stand ein Ärzteteam bereit und nahm sie in
Empfang. Fredrik musste auf einer Pritsche
neben seiner Schwester liegen, während die
Ärzte die Apparate vorbereiteten. Die Ärzte
lobten ihn die ganze Zeit dafür, dass er so
tüchtig und so mutig war. Aber als alles
fertig war, schien ihn der Mut verlassen zu
haben.

»Werde ich sofort sterben?«, fragte er und
tat sein Bestes, um die Tränen hinunterzu-
schlucken.

Es ist nicht so leicht für einen Siebenjährigen zu wissen, dass er nicht sein gesamtes
Blut seiner Schwester geben muss. Aber
Mut hat nichts mit dem Alter zu tun. Das
hat Fredrik gezeigt.

Wage es, den ersten Schritt
im Glauben zu gehen.
Du musst nicht die ganze Treppe sehen,
nur die erste Treppenstufe.

(Martin Luther King)

Ein etwas anderer Oscar

In dem amerikanischen Film »Gib es weiter« hat ein Schüler eine Idee, wie man die Welt verbessern könnte. Er tut etwas Gutes – und derjenige, dem das Gute widerfährt, muss nun zwei gute Handlungen vollbringen. So breitet die Freude sich aus.

Es gibt auch »unbewusste Freudeverbreiter«. Einen solchen trafen mein siebenjähriger Sohn und ich, als wir U-Bahn fuhren. Wir unterhielten uns und machten Spaß und waren ein bisschen ausgelassen, wie man es werden kann, wenn man sich mitten am Tag von der Schule und seiner Arbeit weggestohlen hat.

Einige Reihen weiter saß ein Mann und starrte uns ununterbrochen an. Er sah ein wenig bedrohlich aus. Er war groß und grobschlächtig, und sein Leben war nicht leicht gewesen, das konnte man ihm ansehen. Als der Zug anhielt, kam er zu uns.

»Du!«, donnerte er los und zeigte auf meinen erschrockenen Siebenjährigen. »Du bist ein tolles Kind! Und du«, fuhr er fort und zeigte auf mich, »du bist eine tolle Mutter!«

Dann stieg er aus.

Das war, als ob wir einen Oscar verliehen bekommen hätten, noch dazu von einem Mitglied der Jury, das wirklich wusste, worum es ging.

(Von Ussie Hjelm)

Das Gestern starb heute Nacht

Als ein Resultat der der Welt zugrunde liegenden Ordnung bist du nicht länger gebunden an das, was gewesen ist. Alle Träume, alle Ziele, alles, was du arrangiert hast, und alles, was du abgesprochen hast, ist nun verhandelbar im Licht dessen, was ist.

Das bedeutet nicht, dass du nicht verantwortlich bist für die Wahl, die du gestern getroffen hast, und für die Handlungen des gestrigen Tages. Es bedeutet, dass die Dinge sich verändern können und sich faktisch bereits verändert haben.

⚜ ⚜ ⚜ ⚜ ⚜ ⚜ ⚜ ⚜ ⚜ ⚜ ⚜ ⚜

*Sieh dein Scheitern als einen Lehrer an,
nicht als einen Bestattungsunternehmer.*

*Scheitern bedeutet eine Verspätung,
nicht eine Niederlage – ein zufälliger Rückschlag,
nicht eine Sackgasse.*

*Scheitern ist etwas,
das wir nur vermeiden könnten,
indem wir nichts sagen, indem wir nichts tun
und indem wir nicht sind.*

Wo verläuft die Grenze zum Unmöglichen?

Die Ränge waren voll besetzt und die Sonne schien. Verschiedene Leichtathletikdisziplinen lösten einander ab, und dann und wann gab es einen neuen Rekord. Das Publikum applaudierte, und die Sieger drehten eine Siegerrunde um das Stadion. Hochsprung, Hürdenlauf, Kugelstoßen, die ganze Zeit gab es viel zu sehen. Doch es gab einen besonderen Wettbewerb, auf den alle gespannt warteten: die klassische »Englische Meile«.

Die »Englische Meile« war nämlich mehr als ein normaler Laufwettbewerb. Sie war sagenumwoben. Keiner hatte es bisher geschafft, unter vier Minuten zu laufen. Vier Minuten waren wie eine magische Grenze, unmöglich zu unterbieten. Viele Läufer waren eine oder mehrere Sekunden über vier Minuten gelaufen, aber noch keiner hatte die Vierminutengrenze gebrochen. War das physisch unmöglich?

Nun stellten die Läufer sich auf und wurden angekündigt. Die Sportler winkten, und es wurde applaudiert.

»Auf die Plätze!« Es war vollkommen still auf den Rängen. Alle warteten voller Spannung. Die Läufer machten sich fertig.

»Fertig!« Man konnte sehen, wie sich in den durchtrainierten Körpern jeder Muskel anspannte.

Der Startschuss fiel, und die Läufer liefen los. Die Stille auf den Rängen schlug in Jubel und Anfeuerungsrufe um. Schon nach der ersten Runde hatte Roger Bannister die Führung übernommen. Er lief schnell. Zu schnell? Würde er dieses Tempo bis ins Ziel halten können?

Als Bannister sich dem Endspurt näherte, geriet das Publikum in Ekstase. Die Uhr lief. 3:52 … 53 … 54 … Es ging schnell, aber war es nicht auch früher schnell gegangen? Und nicht einmal Bannister würde wohl das Unmögliche vollbringen können?

Nun war er nahe der Ziellinie. 57 ... 58. Roger Bannister warf sich nach vorne. Das Publikum war aufgestanden und jubelte. Das, was niemand für möglich gehalten hatte, war passiert. Roger Bannister war mit 3 Minuten, 59 Sekunden und 4 Hundertstel ins Ziel gekommen.

Das stand natürlich in den Schlagzeilen. Aber das Bemerkenswerteste war, dass nach nur wenigen Wochen es einem weiteren Läufer gelang, die Vierminutengrenze zu unterbieten, und beim nächsten Wettbewerb gelang es noch einem. Nach einigen Monaten waren bereits mehr als zehn Läufer die »Englische Meile« unter vier Minuten gelaufen. Nun wussten ja alle, dass es nicht unmöglich war. Die unmögliche Grenze gab es also eigentlich nicht auf der Rennbahn, sondern im Kopf der Läufer.

(Eingeschickt von Markus Leandersson)

❀ ❀ ❀ ❀ ❀ ❀ ❀ ❀ ❀ ❀ ❀ ❀

Ich bin nicht dumm.
Ich habe nur Pech, wenn ich denke.

❀ ❀ ❀ ❀ ❀ ❀ ❀ ❀ ❀ ❀ ❀ ❀

Die weise Frau

Eine Frau war weit gereist, als sie eines Tages zum Gebirge kam. Dort fand sie einen wertvollen Stein, zur Hälfte verborgen in einem Flusslauf. Die Frau packte den Stein in ihre Tasche und wanderte weiter. Ein wenig später am selben Tag traf sie einen Wanderer, der sehr hungrig war. Der Wanderer fragte sie, ob sie ihm etwas zu essen geben könnte. Das wollte die Frau gerne tun. Doch als die Frau ihre Tasche öffnete, um ein wenig Brot herauszunehmen, erblickte der Mann den wertvollen Stein.

»Kann ich stattdessen den Stein bekommen?«, fragte der Mann, halb im Spaß.

Ohne zu zweifeln, bejahte die Frau und gab dem Mann den wertvollen Stein. Der Mann nahm die Gabe erstaunt an, bedankte sich unterwürfig und wanderte weiter.

Die Frau verweilte und schlug ihr Nacht-
lager auf. Doch es dauerte nicht lange, da
kam der Mann zurück. Er reichte der Frau
den Stein und sagte: »Ich habe es mir anders überlegt. Ich gebe dir den Stein zurück.
Aber könntest du mir stattdessen sagen,
wie du mir ohne Zögern den Stein geben
konntest?«

Herzabdruck

Was auch immer unsere Hände berühren – wir hinterlassen Fingerabdrücke. Auf Wänden, Möbeln, Türklinken, Büchern, Papier, auf allem! Es ist unvermeidlich. Mit unserer Berührung hinterlassen wir Erkennungszeichen.

Wohin ich auch gehe am heutigen Tag, so wünsche ich mir, dass ich auch einen Herzabdruck hinterlasse. Einen Abdruck des Mitgefühls, des Verstehens und der Liebe. Einen Abdruck der Freundlichkeit und der aufrichtigen Fürsorge.

Möge mein Herz einen einsamen Nachbarn berühren, eine traurige Tochter, eine beunruhigte Mutter, einen alternden Großvater.

Sende mich heute aus, um einen Herzabdruck zu hinterlassen. Und wenn jemand sagt: »Ich habe deine Berührung gespürt«, so möge er auch die Liebe in meinem Herzen spüren.

*Vergebung bedeutet: die Tür aufzusperren,
um jemanden freizulassen –
und einzusehen, dass du es selbst warst,
der gefangen war.*

(Max Lucado)

Mach es trotzdem

Menschen sind oft verstockt,
untreu und egoistisch –
verzeih ihnen trotzdem.

Wenn du großzügig bist,
wirst du vielleicht beschuldigt, dies aus
Eigennützigkeit zu sein –
sei trotzdem großzügig.

Wenn du erfolgreich bist,
wirst du falsche Freunde und echte Feinde
haben –
sei trotzdem erfolgreich.

Wenn du ehrlich und aufrichtig bist,
werden Menschen dich vielleicht
ausnützen –
sei trotzdem ehrlich und aufrichtig.

Das, wofür du Jahre gebraucht hast,
um es aufzubauen,
kann ein anderer innerhalb einer Nacht

einreißen –
baue trotzdem.

Wenn du Frieden und Glück findest,
wird vielleicht ein anderer eifersüchtig sein –
sei trotzdem glücklich.

Das, was du heute Gutes tust,
ist vielleicht morgen schon wieder
vergessen –
tue trotzdem Gutes.

Gib der Welt das Beste, was du hast,
auch wenn das vielleicht nicht ausreicht –
gib trotzdem das Beste, was du hast.

Denn schlussendlich ist es eine Sache
zwischen dir und Gott –
es war im Grunde nie eine Sache zwischen
dir und anderen Menschen.

(Mutter Teresa)

Auf dem Heimweg

Wir stehen auf der Brücke und betrachten das Schiff, das gerade aus dem Hafen ausgelaufen ist. Es ist Zeit, die lange Fahrt über das Meer zu beginnen.

Lange betrachten wir das stattliche Schiff, seine flatternden Segel und seinen schönen Rumpf. Doch je länger wir schauen, desto kleiner wird das Schiff. Zum Schluss sieht es aus wie ein weißer Punkt, wo Meer und Himmel zusammentreffen. In dem Moment, wenn das Schiff am Horizont verschwindet, sagen wir zueinander: »Nun ist es fort.«

Doch das Schiff ist nur aus unserem Gesichtsfeld verschwunden. Das Schiff ist noch genauso mächtig und stattlich, noch genauso auf dem Weg zu seinem Ziel, wie in dem Moment, wo es den schützenden Hafen verlassen hat. Das ist unsere Perspektive, dass das Schiff kleiner wird, nichts anderes. Denn genau in dem Moment, wenn wir sagen »Nun ist es fort«, sehen andere das Schiff kommen und rufen freudig: »Nun kommt es!«

Eine ungewöhnliche Bank

Stell dir eine Bank vor, die dir jeden Morgen 86 400 Euro auf dein Konto überweist und die jeden Abend das Geld wieder zurücknimmt, das du nicht verbraucht hast. Was würdest du mit dem Geld machen? Selbstverständlich so viel wie möglich verbrauchen!

Im Grunde hast du eine solche Bank. Man nennt sie Zeit. Jeden neuen Morgen bekommst du 86 400 Sekunden, die du genau so verwenden kannst, wie du willst. Jeden Abend ist verschwendete Zeit weg für alle Zeit. Es gibt keine Möglichkeit, einen Kredit aufzunehmen, es gibt keine Möglichkeit, Zeit für die Zukunft aufzusparen.

Verwende darum deine Zeit so klug wie möglich. Genieße den Sonnenuntergang zusammen mit einem Freund, lerne etwas Neues, hilf jemandem, der es schwer hat … Gestalte jeden Tag so, dass er erinnernswert ist.

Um den Wert eines Monats zu verstehen, frage eine Mutter, deren Kind zu früh geboren wurde.

Um den Wert eines Tages zu verstehen, frage jemanden, der noch einen Tag Urlaub hat.

Um den Wert einer Stunde zu verstehen, frage zwei Frischverliebte, die darauf warten, sich treffen zu können.

Um den Wert einer Minute zu verstehen, frage einen, der gerade den Zug verpasst hat.

Um den Wert einer Sekunde zu verstehen, frage denjenigen, der gerade knapp einem Verkehrsunfall entgangen ist.

Um den Wert einer Millisekunde zu verstehen, frage den 100-Meter-Läufer, der die Silbermedaille bekommen hat.

Achte auf jeden Augenblick!

⚜ ⚜ ⚜ ⚜ ⚜ ⚜ ⚜ ⚜ ⚜ ⚜ ⚜ ⚜ ⚜

Wohin du auch gehst,
gehe aus vollem Herzen.

⚜ ⚜ ⚜ ⚜ ⚜ ⚜ ⚜ ⚜ ⚜ ⚜ ⚜ ⚜ ⚜

Register

A

Arm oder reich?   23
Auf dem Heimweg   153

B

Behalte die Gabel!   58

D

Das Gestern starb heute
    Nacht   141
»Das hier ist gut!«   128
Das Schuhunterneh-
    men   118
Der Ballonmann   8
Der Esel im Brunnen   47
Der gesprungene Wasser-
    krug   69
Der klagende Mann   100
Der Missionar   74
Der reichste Mann im
    Dorf   105
Der Schiffbrüchige   116
Die beiden Seen
    Israels   125
Die Lektion des
    Künstlers   33
Die weise Frau   147
Dumm wie eine
    Gans?   72

E

Ein etwas anderer
    Oscar   139
Ein etwas anderer
    Wirt   82
Ein Gegenmittel gegen
    die Trauer   65
Ein kaputter Spiegel   96
Eine ungewöhnliche
    Bank   155
Einen Elefanten an-
    binden   30

F

Fünfzehn Weisen
    unglücklich zu blei-
    ben   80
Fünfzig Euro   53

G

Gandhis Schuhe   120

H

Herzabdruck   149

I

Ich bin dankbar …   90
Ich wünsche dir
    ausreichend   27

K
Kann man Gott
  sehen?   51

L
Lebensregeln   132
Lehren, die man aus dem
  Misslingen
ziehen kann   56

M
Mach es trotzdem   151
Mut   136

N
Nicht nur ein
  Unglück   103

P
Positive Lebensein-
  stellung   15

S
Schwäche oder Stär-
  ke?   38
Stärke und Mut   63

T
Test: Wichtige Perso-
  nen   109

U
Unsere tiefste Angst   42

V
Vom Urteilen   10

W
Wage zu träumen   92
Wahrer Friede   88
Wem gehört das
  Geschenk?   19
Wenn ein Hund Lehrer
  wäre …   **44**
Wie man guten Mais
  anbaut   25
Willkommen in
  Holland   112
Wo liegt die Grenze für
  unsere Stärke?   122
Wo verläuft die Gren-
  ze zum Unmög-
  lichen?   143
Worum ich mich
  kümmere   76

X
Xlles xndere xls
  unwichtig   61

Z
Zwei Söhne   16

Um die ganze Welt des
GOLDMANN Verlages
kennenzulernen, besuchen Sie uns doch
im **Internet** unter:

www.goldmann-verlag.de

Dort können Sie
nach weiteren interessanten Büchern ***stöbern***,
Näheres über unsere ***Autoren*** erfahren,
in ***Leseproben*** blättern, alle ***Termine*** zu Lesungen und
Events finden und den ***Newsletter*** mit interessanten
Neuigkeiten, Gewinnspielen etc. abonnieren.

Ein ***Gesamtverzeichnis*** aller Goldmann Bücher finden
Sie dort ebenfalls.

Sehen Sie sich auch unsere ***Videos*** auf YouTube an und
werden Sie ein ***Facebook***-Fan des Goldmann Verlags!